ELOGIOS PARA EL LIBRO
EL HOMBRE MÁS RICO DEL MUNDO

«Cultura Financiera y su fundador, el Dr. Andrés Panasiuk, nos enseñan no solo a manejar las finanzas personales, sino también nos enseñan a vivir. Las ideas que usted tiene en sus manos le cambiarán la vida».

Gerardo Amarilla
Expresidente, Cámara de Diputados
República Oriental del Uruguay

«Las ideas de este libro transformarán su economía personal y familiar. Andrés es uno de los mejores maestros que conozco en el tema de finanzas personales en el mundo. Usted tiene un tesoro en sus manos. ¡Aprovéchelo!».

Ezra Orozco
Viceministro de Economía
República de Guatemala

«Cuando termine de estudiar este libro, su vida no será igual. Andrés Panasiuk enseña ideas transformadoras en el tema de la alfabetización financiera. Nos enseña a abrazar la libertad, a amar el orden, a practicar la Gratificación Diferida y ahorrar con regularidad. Estos conceptos le llevarán por el camino de la Prosperidad Integral. Se lo recomiendo de todo corazón».

Ricardo Arias
Expresidente Fondo Nacional del Ahorro
Colombia

«El Dr. Andrés Panasiuk es un pionero en el mundo de la alfabetización financiera en todo el continente. Es un líder latinoamericano con un mensaje actual y relevante en todos los países del mundo. Este libro está destinado a influir en un sinnúmero de vidas».

Jorge A. Friade
Secretario ejecutivo de la Coalición Latinoamericana de Gobierno y Fe
República Oriental del Uruguay

OTROS ELOGIOS ANTERIORES

«Andrés Panasiuk ha demostrado ser un comunicador ágil, energético y creativo. Es el mejor expositor en el tema de alfabetización financiera que conozco».

Dr. Germán Rojas
Expresidente del Banco Central del Paraguay

«El Dr. Panasiuk es un orgullo de Latinoamérica para todo el mundo. Su forma sencilla de explicar ideas complejas le ha permitido impactar a millones de personas desde las áreas rurales de nuestros países, hasta los centros de autoridad económica y política en América Latina, África y Europa».

Dr. Gustavo Espina
Vicepresidente de Guatemala

«Andrés Panasiuk enseña principios de manejo económico que no solo impactarán su empresa, también le cambiarán la vida».

Dr. Frank Fuentes
Asesor económico del Gobierno de la República Dominicana

AndrésPanasiuk

Elhombre
MÁS RICO
delmundo

GRUPO NELSON
Una división de Thomas Nelson Publishers
Desde 1798

NASHVILLE   MÉXICO DF.   RÍO DE JANEIRO

Editora en Jefe: *Graciela Lelli*
Edición: *Juan Carlos Martín Cobano*
Adaptación del diseño al español: *Grupo Nivel Uno, Inc.*

ISBN: 978-1-60255-931-8

Impreso en Estados Unidos de América
19 20 21 22 LSC 9 8 7 6 5

CONTENIDO

Agradecimientos

Una organización no es nada sin un equipo. Por eso, quisiera agradecer de corazón a HarperCollins Publishers y a Grupo Nelson por su fiel y comprometida amistad durante todos estos años. Con ellos tengo una deuda que jamás podré pagar.

Quisiera agradecer a mi propio equipo de trabajo, que tuvo que dar sangre, sudor y lágrimas mientras yo estaba «recluido» escribiendo.

A mi esposa Rochelle, verdadera ancla de nuestra familia, por haber jugado nuevamente el papel de «viuda a tiempo parcial», asumiendo mis responsabilidades en el hogar para que yo pudiera entregarte a ti y al resto del continente el regalo de este libro.

DEDICATORIA

A la memoria de mi suegro, el señor Robert Repke, quien me adoptó cariñosamente en su hermosa familia y me mostró la riqueza que existe en amar a Dios y a nuestro prójimo como a nosotros mismos. En él pienso cuando sueño con ser el hombre más rico del mundo…

El PODER de las IDEAS

El fin de la travesía

Itamrú tomó con seguridad las riendas de su camello y emprendió rumbo directo al ardiente sol del atardecer. El resto de la caravana seguía fielmente sus pasos. Mientras cabalgaba con determinación hacia occidente, todos sus sentidos, en modo protector, evaluaban el terreno que se hallaba por delante. No muy lejos, por detrás de sus anchas espaldas, le seguía majestuosamente una joven reina llamada Balkis junto a todo su séquito. Para Itamrú, esa era la tarea y la misión de su vida. Para eso había nacido: para proteger a la más famosa de todas las emperadoras del reino de Saba.

La inmensidad del desierto quedaba atrás, mientras que la bella tierra del renombrado Suleimán se extendía ante ellos. Tierra de leche y miel, de riquezas increíbles, de conocimientos insondables. Un nuevo imperio que sus lejanos parientes dieron a luz de una manera casi milagrosa y envuelta en misterio.

Atrás quedaba la ruta del incienso, el mar Rojo y el desierto infinito de la península de Arabia; ciudades como Tamud, Maká y el reino de Jejaz. Atrás quedaban las tribus nómadas de tierras que ardían bajo el sol de Arabia. Y por delante se presentaba el momento de penetrar en tierras de civilización sedentaria, de primos lejanos y descendientes del gran patriarca Abraham.

Junto a la hermosa reina de Saba, cabalgaba su asesor más confiable, el humilde y leal Menelik, maestro de todos los sabios de Ma'rib. El consejero era su amigo, su confidente, el tutor de toda su vida, su instructor, su imagen paterna… y, si no hubiese sido por su edad y las leyes imperantes en el reino, quizás hasta su cónyuge y amante.

Menelik el Sabio había acompañado al padre de la hermosa princesa en las guerras de conquista por el sur de la península. Había cruzado con su rey las aguas del mar Rojo y establecido junto con él el reino de Saba en el noreste de África. Había derramado su sangre, junto a la de su monarca, desde sus años de juventud y le había sido fiel hasta el final, incluso en medio de la traicionera rebelión que les costó la vida al soberano y a la reina madre.

Menelik protegió a la princesa, escapó hacia el desierto, reorganizó su ejército y volvió a la capital del imperio para recuperar el trono en nombre de la nueva reina de Saba. Se encargó de traer orden a la corte y tomó sobre sus hombros la responsabilidad de educar apropiadamente a la joven reina en Ma'rib, sede de la corte imperial.

Por eso insistió tanto Menelik en visitar el reino del otro lado del Jordán. No solo para abrir nuevas oportunidades de comercio por la ruta del incienso, sino especialmente porque le habían dicho que el famoso rey Suleimán tenía conocimientos inigualables. Su sabiduría podría ser incorporada al reino de Saba y podría traer una nueva era de prosperidad y abundancia en el sur de la península y el noreste africano.

La reina Balkis, por su parte, amaba con sinceridad al sabio Menelik. Lo amaba con la pureza con la que una niña ama a su primer mejor amigo de la escuela, con la inocencia con que una adolescente se enamora del profesor de historia o geografía durante la secundaria, con la sencillez con que una jovencita del interior sueña con un futuro príncipe que la rescate del pueblito donde vive.

Nunca imaginó que la apasionante relación que estableciera semanas después con Suleimán —o Salomón, como mejor se lo conoce en Occidente— llevaría a su maestro amado a morir de pena, con el corazón destrozado frente a las circunstancias. Según especulan los anales de la historia, esa sería la razón por la que la reina de Saba, al hallarse embarazada del rey israelita, decidió dar a su primogénito el nombre de Menelik y mudarse para siempre a lo que hoy se conoce como Etiopía.

Por ahora, mientras la larga caravana se abre paso lentamente rumbo a la fortaleza de Sion, la Ciudad de David, Itamrú busca con esmero un lugar para pasar la noche. Se hace tarde y los camellos deben descansar. En un par de días entrará por la puerta de la Fuente y en ese lugar, también llamado «el refugio de Salem», se concebirán ideas que cambiarán para siempre el rumbo del imperio de Saba.

La reina nunca será igual y la historia se encargará de asegurarse de que nosotros lo sepamos. Esa es la razón por la que escribí este libro: invitarte a entrar a la corte de Suleimán y aprender juntos a los pies del hombre más rico del mundo.

El comienzo de un nuevo día

Salomón fue el hombre más rico del mundo.

La riqueza de Salomón es mucho mayor que la de cualquier «archimultimillonario» que conozcamos en la actualidad. Mucho mayor que la riqueza de Rockefeller, Bill Gates, Steve Jobs, Andrew Carnegie y Carlos Slim… ¡juntos!

Para tener una idea de cuánto dinero podría haber acumulado Salomón durante su vida, uno debería mirar cuánto ganaba. Afortunadamente, tenemos acceso a documentos que nos declaran las fuentes de sus ingresos y ciertas cantidades específicas.

Salomón recibía dinero de cuatro fuentes: altísimos impuestos y tributos, tarifas de peaje, comercio internacional y regalos. Todas estas fuentes eran para Salomón importantísimas fuentes de ingresos económicos.

Por ejemplo, la presión tributaria era tan grande que, cuando Roboam, el hijo de Salomón, asumió el reino de las manos de su padre, la primera petición del pueblo fue ¡que le bajaran los impuestos![1]

Además, el imperio salomónico dominaba —geopolíticamente hablando— un «cuello de botella». Tenían total control del único camino de comunicación terrestre entre Asia, África y Europa. Si el lejano Oriente o los reinos europeos querían enviar sus productos al norte de África (Egipto y otras comunidades de la costa sur mediterránea), debían pasar por Israel. Si las comunidades africanas querían vender a Asia o al este de Europa, debían pasar por el «puente terrestre» que Salomón dominaba.

Todo ese comercio debía pagar tributo, y Salomón con gusto lo imponía y lo recibía.

Por otro lado, Salomón tenía una empresa de consultoría, y cobraba bastante caro. La reina de Saba, por ejemplo, le dejó cuatro toneladas y media de oro —además de una increíble cantidad de especias carísimas y piedras preciosas— como pago por su asesoría técnica en el manejo de su reino.[2] Solo el oro recibido le habría generado 184,5 millones de dólares (a 41 dólares el gramo). No está nada mal para un trabajito que Salomón hacía cuando tenía algo de tiempo libre…

En los escritos de la *Tanaj* (libros sagrados del pueblo judío) hay una sección que se denomina *Neviim*. Allí se encuentra el libro de Reyes donde dice que Salomón recibía anualmente 22 toneladas de oro (1 Reyes 14).[3]

Si el oro estuviese a 41 dólares el gramo, 1.000 gramos serían 41.000 dólares. Eso es 1 kilo. Una tonelada, son 1.000 kilos: 41 millones de dólares. Entonces, 25 toneladas equivalen a 25x41millones=1.025 millones de dólares (los norteamericanos dirían «*1.02 billions*»). Ese era su sueldo mínimo, vital y móvil cada año, ¡sin contar vacaciones ni su plan de retiro!

Hay que ver que, además, todos estos ingresos parecen haber sido entradas netas, porque tenía un sistema por el cual todos sus gastos operativos mensuales eran pagados por alguna de sus doce «provincias», cada una pagaba el cien por ciento de sus gastos operativos cada mes.

De acuerdo con algunos expertos en el asunto,[4] parece ser que, luego de 40 años de operaciones al mando de la empresa Israel Inc., el rey Salomón podría haber acumulado una fortuna de alrededor de más de dos billones de dólares (o *trillions*, como dirían en Estados Unidos), es decir, dos millones de millones: 2.000.000.000.000. No está mal, ¿no? Sobre todo, tratándose de un emprendedor que vivió ¡mil años antes de Cristo!

Salomón era rico, muy rico. Pero no solo era rico. También era sabio. Salomón era extraordinariamente sabio (no hay mucha gente en la historia del mundo que tenga el privilegio de ser citado en la literatura universal ¡tres mil años después de haber muerto!). Esa sabiduría le ayudó a desarrollar ideas y paradigmas que lo llevaron a expandir increíblemente el alcance de sus operaciones económicas y a sostener ese crecimiento por el resto de su vida.

Ese es el tipo de éxito económico que queremos: queremos crecer de manera exponencial y queremos sostener ese crecimiento por el resto de nuestras vidas. Incluso en la vida de nuestros hijos y de los hijos de nuestros hijos.

Yo sé que las causas de una crisis como la que vivimos en el 2007-2008 son profundas y complejas. Pero también creo, con toda el alma, que en el *corazón* del problema económico que vivimos se encontraba la violación de un principio salomónico: el Principio del compromiso garantizado.

El rey Salomón decía: «Nunca te hagas responsable de las deudas de otra persona, pues si no tienes con qué pagar, hasta la cama te quitarán».[5]

Eso quiere decir, por un lado, que uno no debería salir de fiador o garante de nadie si no tiene todo el dinero requerido para cumplir con el compromiso en caso de que el deudor no pague. También nos indica, en un contexto más amplio, que uno no debería adquirir compromisos si no está seguro de tener una manera garantizada de poder cumplirlo.

El Principio del Compromiso Garantizado, entonces, nos dice que *cada vez que adquirimos un compromiso, debemos tener una forma* **cierta (garantizada)** *de pagarlo.* En el lenguaje de los contadores, diríamos que «mi activo debe ser mayor que mi pasivo». Cuando los norteamericanos comenzaron a firmar hipotecas por el 115 % del valor de sus propiedades, violaron este principio porque entonces sus propiedades no garantizaban el pago de su deuda.

Por supuesto, todo funcionó magníficamente bien al comienzo, cuando los precios de las casas subían mes tras mes. Pero, en cuanto los valores empezaron a caer, todo se derrumbó. Y, como el mercado de los bienes raíces tiene tanto peso en la economía norteamericana, ese fue el iceberg que hundió al Titanic.

Seguir estas ideas puede marcar una gran diferencia en nuestras vidas. Aprender estos conceptos ha ayudado a millones de personas de nuestro continente a vivir de una manera distinta y a evitar problemas que, en una mala decisión, deshacen el dinero que juntamos con tanto esfuerzo durante años de arduo trabajo.

Por mucho tiempo hemos enseñado que **no hay un «secreto» para llegar al éxito.** No hay una manera fácil de hacer algo tan difícil. El éxito económico lleva tiempo, lleva esfuerzo e implica hacer cosas que nadie está dispuesto a hacer, sacrificar cosas que nadie quiere sacrificar.

Uno debe pensar diferente para actuar diferente. Pero, primero, tienes que *ser* diferente para pensar diferente.

Quién *eres* determina cómo *piensas.* Tu forma de *pensar* determina tu toma de *decisiones.* Y las *decisiones* que tomas te llevan por el camino del éxito o del fracaso.

Déjame contarte un ejemplo que escribí en mi libro *Decisiones que cuentan:*[6]

En octubre del 2001 comenzó lo que para ese entonces fue el mayor escándalo empresarial en la historia de Estados Unidos: el escándalo de Enron, la empresa de energía más extensa del mundo[7] y la séptima sociedad cotizada en la bolsa más grande de Estados Unidos.[8] Su colapso llevó a que decenas de miles de trabajadores se quedaran en la calle y perdieran una parte importante de sus pensiones [...]. Fue el detonante de la destrucción de Arthur Andersen —una de las cinco mayores empresas de contaduría del planeta. Y, finalmente, generó la pérdida de más de cuarenta mil millones de dólares por parte de trabajadores e inversionistas. En el corazón del problema, según un reporte del senado norteamericano, se encontraba el carácter de sus dirigentes.

Todos en el liderazgo ejecutivo de Enron tenían un doctorado en mercadotecnia o en administración de empresas. Eran ladrones bien educados.

Por otro lado, mirando aún más alto —al consejo de directores de la empresa— el reporte del Senado, producido por el Subcomité Permanente de Investigaciones, nos dice:

En el 2001, el Consejo de Directores de Enron tenía quince miembros, muchos de los cuales tenían veinte años o más de experiencia en el Consejo o en otras compañías para las que habían trabajado anteriormente. En la audiencia, John Duncan, expresidente del Comité Ejecutivo del Consejo, describió a sus compañeros miembros de la Junta como «educados, experimentados, hombres y mujeres de negocio exitosos» y «expertos en las áreas de finanzas y contabilidad». En las entrevistas del Subcomité se encontró que los miembros del Consejo de Directores tenían, por un lado, una gran experiencia en negocios sofisticados y de inversión y, por el otro, una gran experiencia en contabilidad, derivativos y en estructuración de financiación para la empresa».[9]

El liderazgo de la empresa de energía más grande del mundo no se dio cuenta de que su problema no era la preparación, educación o sofisticación de su liderazgo. Su talón de Aquiles era moral.

Por esa razón, desde entonces, cuando realizo capacitaciones y asesorías empresariales alrededor del mundo, siempre digo: «En el mundo de las finanzas, tanto en la casa como en la empresa, enfocarnos en el **ser** es mucho más importante que enfocarnos en el hacer».

Uno puede incrementar la capacidad de una persona a través del entrenamiento. Pero el carácter se forja a fuego lento, y es el carácter el que determinará hasta qué punto será permanente su éxito económico. La intención de este libro es aprender del hombre más rico del mundo cosas para *ser* y cosas para *hacer*. Si las aprendes y las pones en práctica, no volverás a ser la misma persona.

Hoy puede ser el comienzo de una nueva etapa para ti. Puede ser el comienzo de un nuevo día, como lo experimentamos en nuestra propia familia a comienzos de los años noventa. Estas ideas nos cambiaron la vida. Nos llevaron por un rumbo distinto. Nos permitieron no solo salir de decenas de miles de dólares de deudas, sino también encontrar una misión en la vida: la de alfabetizar financieramente a más de veinte millones de personas en cincuenta países y en todos los continentes.

Hoy, tal como lo hizo la reina de Saba, puedes comenzar tu peregrinaje a *tierra santa*. Puedes salir del desierto en el que te encuentras, encarar el camino hacia el monte de Sion y sentarte a los pies de alguien que ha impactado la vida económica de individuos, familias y naciones por tres milenios. Hoy puede ser el primer día de tu nuevo futuro. Te invito a que lo vivamos juntos.

Las ideas que cambiaron el mundo

Las ideas son poderosas. No solo pueden cambiar nuestras vidas, sino también el mundo. Por ejemplo, las ideas sobre la administración de territorios crearon reinos e imperios y, más tarde, las ideas liberales de igualdad, autogobierno y fraternidad crearon democracias que desarticularon esos imperios.

Steven K. Scott, autor del libro *The Richest Man Who Ever Lived*, dice que personajes como George Washington, Thomas Jefferson, Abraham Lincoln, Henry Ford y Thomas Edison leían con regularidad el libro de los Proverbios de Salomón desde los días de su juventud. Personalidades como Bill Gates, Sam Walton, Helen Keller, Steven Spielberg y Oprah Winfrey aplicaron en sus vidas y negocios exactamente el tipo de ideas salomónicas que voy a compartir contigo en este libro.

Las ideas nos ayudan a manejar mejor la vida, y las mejores ideas son las que acompañan un entendimiento apropiado del mundo que nos rodea. Eso se llama «paradigma».

Los paradigmas tienen suma importancia. Nos ayudan a comprender qué es lo que está pasando en nuestras vidas y, entonces, nos proveen el marco apropiado para tomar buenas decisiones que nos lleven al éxito.

Recuerdo haber escuchado una vez al doctor Tony Evans, fundador y presidente de The Urban Alternative, en Dallas, Texas, contar una historia que tiene mucho que ver con el concepto de lo que un paradigma es para nuestra vida. Voy a contarlo de una manera que suene como de nuestras propias tierras.

Se cuenta que un grupo de barcos de la Marina había salido a hacer maniobras de combate por varios días. Una noche, estando el capitán de uno de los barcos en la torre de mando, uno de los marineros le indica que ve una luz acercarse por la proa. El capitán, al darse cuenta de que están en peligro de chocar, le indica al marinero que hace señales con luces:

—Haga una señal a ese barco y dígale que estamos a punto de chocar. Aconséjele que gire treinta grados.

Al volver la contestación se leía:

—Aconsejable que *ustedes* giren treinta grados.

El capitán, entonces, responde:

—Envíe, marinero: «Soy capitán de la marina de guerra, le ordeno que vire treinta grados».

La respuesta no se hizo esperar:

—Soy un marinero de segunda clase. Aconsejo que cambie de inmediato su curso treinta grados.

Para ese entonces, el capitán estaba totalmente furioso. Gritando a viva voz le dijo al técnico de señales:

—Dígale a ese estúpido: «Aquí la fragata misilística Río Grande. Le intimo a que cambie su curso treinta grados».

Vuelve la contestación:

—Aquí el faro de San Sebastián.

Entonces la fragata, calladamente, cambió su curso treinta grados.

Eso es experimentar un cambio de paradigma. Darse cuenta de que la vida no es como creíamos que era, que el mundo que nos rodea tiene otra realidad que uno desconocía.

Los paradigmas que compartiré contigo en este libro son el marinero del faro de San Sebastián: te van a decir cosas que nunca te habías esperado y que van a cambiar la manera en la que percibes el mundo a tu alrededor. Claro, siempre podemos hacer lo que nosotros queramos con nuestra vida, pero, si desoímos su voz, no te sorprenda que nos vayamos a pique.

Paradigmas y cambios

La percepción que tenía el capitán de la fragata misilística de su mundo circundante determinaba su realidad (dicen por ahí que «percepción es realidad»). Puede reflejar la verdad, o puede, como en el caso del capitán de nuestra historia, engañarnos atrozmente.

Fue un paradigma equivocado el que produjo el desastre del Titanic en su viaje inaugural («Este barco es imposible de hundir»), el que llevó a Hitler a atacar a Rusia y perder la Segunda Guerra Mundial, y el que produjo el desastre del transbordador espacial Challenger.

Los paradigmas tienen mucho poder en nuestras vidas. Son el lente a través del cual interpretamos la realidad circundante y proveen el ambiente para la toma de decisiones en nuestras vidas, tanto las buenas como las malas.

Los paradigmas son el mapa que nos permite entender dónde estamos, a dónde queremos ir y cómo llegaremos a cumplir nuestras metas.

Por ejemplo: supongamos que alguien nos invita a visitar la ciudad de Lima. Cuando llegamos, rentamos un automóvil, tomamos la dirección de la persona que hemos venido a visitar y, como nunca hemos estado antes en esa preciosa ciudad de Perú, pedimos un mapa.

Cuando recibimos el mapa, en la parte superior se lee «Lima». En su contorno, tiene dibujos y fotos de Lima, pero, por un error de imprenta, en realidad es un mapa de Caracas. Podemos tener las mejores intenciones del mundo, podemos ser absolutamente sinceros en nuestras intenciones de llegar a nuestro destino, podemos tener la mejor «actitud mental positiva» del mundo y sonreír a los que nos rodean, pero, sin el mapa apropiado, ¡estamos perdidos!

Esa es la importancia de desarrollar paradigmas correctos en nuestra vida.

Prepárate para cambiar paradigmas. Debemos eliminar de nuestro vocabulario ideas como «el que no tranza no avanza», «el que no debe nunca tiene», «¿qué le hace una mancha más al tigre?» o «¡la última deuda la paga el diablo!». Ese tipo de paradigmas te van a llevar al desastre.

Salomón construyó su imperio dentro del marco de los paradigmas apropiados y eso lo llevó, en cuarenta años, a lograr la máxima expansión del imperio israelita en toda la historia. Dejó atrás los medios que ayudaron a su padre, David, a construir el comienzo del reino de Israel. Su padre, en los primeros cuarenta años, conquistó tierras, ganó batallas, mató enemigos y murió con sangre en las manos.

Salomón expandió su imperio estableciendo orden administrativo, llegando a acuerdos, negociando tratados, intercambiando regalos e influenciando en la filosofía de sus pares. Entendió que sus tiempos eran diferentes y que lo que había funcionado para su padre no necesariamente funcionaría para él.

La sociedad de consumo también te educa y crea paradigmas. Recuerdo haber visto en el año 2017 un comercial de una de las marcas de gaseosa más conocidas del mundo. Abrazaba un movimiento popular de manifestaciones y marchas en Estados Unidos. La protagonista era una bella actriz norteamericana que compartía una gaseosa con un policía para promover la «paz» en medio de la tensión.

Al final del comercial aparecía la marca de esta bebida, seguida inmediatamente de un subtítulo que decía: «LIVE FOR NOW» (vive el momento).

Como ves, los productores de bebidas gaseosas no solo venden refrescos. También venden paradigmas. Si tú *compras* este paradigma de vivir *for now*, eso te va a llevar a sufrir problemas para tener suficientes recursos para vivir *later* (después). El mundo en el que vivimos no nos enseña a vivir la vida con una perspectiva multigeneracional, y eso está llevando a cientos de miles de individuos y familias del continente a descapitalizarse en su vida económica y, luego, a vivir miserablemente en su vejez.

«Vive el momento» puede ser un bello mensaje para aquellos que viven en Estados Unidos o Europa, donde los sistemas de previsión social todavía funcionan. Pero ese paradigma es una píldora de cianuro para todos aquellos que viven en países en desarrollo, donde los sistemas de cuidado del adulto mayor son un desastre.

Hay que tener cuidado con las ideas.

Por tanto, podríamos comenzar este libro parafraseando una cita atribuida a Albert Einstein, entre muchas que se le asignan sin saber si realmente lo dijo o no. De todas maneras, creo que, si el profesor Einstein nos diera un consejo financiero, sería: «Los problemas económicos que afrontamos hoy no los podremos resolver con los mismos paradigmas que nos llevaron a tener esos problemas en primera instancia».

Dicho en otras palabras: la única manera de mejorar nuestra situación económica actual es movernos hacia un nivel de ideas y un marco filosófico diferentes a los de aquellos que nos llevaron al lugar económico en el que nos encontramos hoy.

Ahora permíteme traducir esta idea a nuestro idioma. En mi país diríamos: «Aunque la mona se vista de seda, ¡mona se queda!». Es lo mismo, pero más fácil.

Entonces, si Einstein fuera de nuestras tierras y estuviera escribiendo este libro, quizás nos lo explicaría diciendo: «Primero, cambiamos a la mona por una bella joven de dieciocho años, y ya entonces sí la vestimos de seda». Debemos cambiar de adentro hacia afuera. Debemos transformar el *ser* para cambiar nuestro *hacer*.

Esa es la razón por la que la mayoría de los libros sobre «Cómo hacerse rico en cuarenta días» no cumplen con su cometido: tratan de cambiar tus hábitos para cambiar tu persona. Sin embargo, no son los hábitos los que cambian a las personas, son las personas las que deciden cambiar hábitos.

El paradigma más importante

Entonces, si me dejas, puedo compartir contigo algunas ideas del hombre más rico del mundo. Sus ideas, enmarcadas en los paradigmas apropiados, pueden producir la transformación total de tu vida económica y llevarte a experimentar lo que nosotros llamamos la «prosperidad integral».

VIVE con HUMILDAD

Salomón y la hormiga más sabia del mundo

Hace tiempo, escuché una historia que circula entre pueblos de Oriente Medio y que tiene mucho que ver con este tema:

Un hermoso día de primavera, el rey Salomón decidió salir a pasear con su más preciado caballo por un campo cubierto de flores. Cuando iba trotando cerca de un jardín, comenzó a pensar en lo sabio y lo magnificente que era. De pronto, escuchó una pequeña voz que decía:

—El rey Salomón no es tan grande como cree...

Detuvo su caballo, miró hacia abajo y, de pronto, se dio cuenta de que la voz había venido desde el suelo. Descendió de su montura, se inclinó hacia el piso y descubrió que lo miraba directamente una hormiga parada en sus dos patas traseras.

Extendió la mano, la tomó en su dedo y la trajo hacia arriba para mirarla a los ojos.

—¿Dijiste tú que yo no soy tan grande como pienso? —preguntó el monarca.

—¡Sip! —dijo la hormiga—. No es tan grande como cree. Yo soy más importante que usted.

—A ver —preguntó el sabio rey—, ¿cómo puede ser que seas más grande y más importante que yo?

—Bueno, basta con que mire la realidad —dijo la sabia hormiga—. El rey más importante del mundo se detuvo a escucharme cuando oyó mi voz. Luego desmontó de su majestuoso caballo para arrodillarse frente a mí, tomarme en sus manos y colocarme a su altura. Finalmente, me hizo una pregunta ¡para la que él no tenía respuesta!

Luego de pensarlo un momento, el sabio Salomón dijo:

—Es cierto, oh sabia hormiga. Yo fui el rey que se detuvo, se arrodilló, te elevó a su altura y luego te hizo una pregunta para la cual no tenía respuesta. Tú eres mucho más sabia de lo que yo me había imaginado, y yo todavía tengo mucho más que aprender de las criaturas que viven en el campo como tú.

En esta hermosa historia del pueblo judío se nos enseña sobre la importancia de mantenerse humilde y entender que siempre tenemos algo que aprender de los demás.

Humildad para aprender

Tras el orgullo viene el fracaso;
tras la humildad, la prosperidad.[1]

Salomón empezó correctamente su reinado. Cuando Dios se le apareció y le ofreció que pidiera cualquier deseo que tuviese en el corazón, Salomón pidió sabiduría. En esa respuesta, el nuevo rey demostró un profundo nivel de humildad, consciente de que *no sabía lo que no sabía.*

En el siglo veintiuno, los sistemas escolares de muchos países de Occidente enfatizan la necesidad de construir en los niños una fuerte autoestima. Al final del ciclo secundario, sin embargo, nos encontramos con jóvenes que salen muy seguros de sí mismos sin saber lo que no saben… y, lo peor, ¡tampoco lo quieren aprender!

Muchos de nuestros amigos y parientes han dejado de leer a los treinta años y ya no vuelven a tocar un libro en la vida. Nos resistimos a reconocer con humildad nuestras falencias y las áreas de nuestra vida en las que aún debemos trabajar. Si vamos a ser exitosos, debemos tener la actitud humilde de reconocer que siempre tenemos algo nuevo que aprender y que siempre podemos aprender de los demás, sin tener en cuenta qué estatus social tenga la otra persona.

Tengo un amigo que se llama David. Fue mi jefe por unos diez años y luego fue el presidente de la junta directiva de mi organización en Estados Unidos. David fue también presidente de Apple Computers de Canadá y uno de los vicepresidentes de esa organización a nivel mundial. David hizo cursos en Harvard y fue reconocido como el «Mejor gerente de Apple» en varias ocasiones.

Sin embargo, cada vez que viaja conmigo, David se sienta en la primera fila del auditorio, saca lápiz y papel y toma notas de las cosas que va aprendiendo de los conferencistas. David es muy inteligente, pero siempre está dispuesto a aprender.

Esa es una característica que he notado en la gente más exitosa que conozco (y conozco a muchas personas de éxito luego de haber viajado tres millones de kilómetros por cincuenta países). Las personas exitosas tienen una curiosidad insaciable. Siempre creen que pueden aprender algo de alguien. Llevan un cuaderno a mano y toman notas de las cosas que aprenden en las conversaciones. Es asombroso.

Hay varios proverbios salomónicos que deberíamos recordar regularmente con respecto a la importancia de ser humildes en la vida. Toma nota. Memorízalos. Te pueden ayudar a tener una actitud apropiada cuando haces negocios o tomas decisiones económicas para ti y tu familia:

Más vale humillarse con los pobres
que hacerse rico con los orgullosos[2]

Este proverbio enseña que es preferible ser pobre y humilde que rico y orgulloso. Rico y humilde... ¡perfecto! Considera estos ejemplos de multimillonarios con humildad en el corazón que descubrí en una página llamada «Addicted 2 Success»:[3]

1. **Ingvad Kamprad**, el fundador de IKEA. Tiene un activo de, por lo menos, 3.000 millones de dólares. Sin embargo, en el 2006 todavía manejaba un Volvo de dieciséis años de antigüedad, porque era bueno y seguro.

2. **Tim Cook**, CEO de Apple. A pesar de haber ganado 378 millones de dólares **solo** en el 2011, el señor Cook y su familia viven en un condominio que le costó casi dos millones de dólares en Palo Alto, California. Dos millones parece mucho, ¡hasta que lo comparamos con su salario anual!

3. **Chuck Feeney**, dueño de Duty-Free Shops, ha entregado casi toda su fortuna de más de **6.000 millones** de dólares a estratégicas obras de ayuda alrededor del mundo. ¿Sus activos actuales? Cerca de dos millones de dólares. «Yo vine al mundo para trabajar duro, no para hacerme rico», dice Feeney, que es un modelo de filantropía para Bill y Melinda Gates.

4. **David Cheriton**, profesor de Stanford que ganó 1.300 millones de dólares con la venta de sus acciones de Google. Vive sin despilfarros y maneja un Honda Odyssey.

5. **Warren Buffett**, presidente del Consejo y CEO de Berkshire Hathaway. Uno de los hombres más ricos del mundo (unos 74.000 millones de dólares de activos), todavía vive en la misma casa en Omaha, Nebraska, que compró hace cincuenta años por 31.500 dólares.

Necesitamos millonarios más humildes en nuestros países. Millonarios con propósito. Gente que tenga menos amor al dinero y mucho más amor a la humanidad. Por qué no, en una de esas, ¡tú puedes ser uno de ellos!

«Al que es orgulloso se le humilla, pero al que es humilde se le honra», decía el sabio Salomón,[4] y yo creo que estaba en lo cierto. Solía decir: «...para recibir honores, primero hay que ser humildes».[5]

Humildad para vivir

Finalmente, la humildad de corazón nos ayuda a vivir y a tomar decisiones importantes en la vida. Cuando nuestra identidad está asociada con la casa donde vivimos, el auto que manejamos o la ropa que vestimos, nos resulta muy difícil despegarnos de esas cosas. Nos resulta difícil tomar decisiones difíciles.

La falta de humildad no nos permite tomar decisiones temprano en el proceso de sobrevivir a una crisis económica en nuestras vidas o en nuestras familias. Pero tomar decisiones temprano puede ahorrarnos un montón de dolores de cabeza.

Cuando nuestro orgullo personal nos apega a la imagen que hemos construido, las emociones no nos dejan hacer los sacrificios necesarios para comenzar el proceso de sanidad. Es el *primer* mes en el que no podemos pagar la renta, o en el que debemos tomar dinero prestado para comprar la comida, la ropa o pagar los servicios de la casa cuando tenemos que empezar a pensar en los sacrificios que debemos hacer.

Quizás debemos vender la moto o el auto, o mudarnos a otra casa, en otro barrio (o a la casa de nuestros padres o algún pariente). Quizás debemos bajar nuestro estándar de vida o sacar a nuestros hijos de la escuela privada a la que asisten. Y lo peor es que ¡nuestro cuñado lo sabrá!

El orgullo habla de debilidad de carácter, de una baja autoestima y de una relación insana con las cosas que tenemos. La manera apropiada de relacionarnos con las cosas debería ser: cuando las tenemos, las disfrutamos; y, cuando no las tenemos, ¡no las extrañamos!

La manera apropiada de relacionarnos con otros es colocarlos a ellos primero. Considerar al prójimo como más importante que uno mismo.

¿No es eso algo «marciano»?

Te dije que Salomón nos iba a cambiar los paradigmas de la vida. En el mundo en el que vivimos, cada uno busca colocarse a sí mismo primero. Sin embargo, las empresas y los emprendedores más exitosos que conozco han aprendido a colocar a los demás primero.

Se cuenta que Confucio dijo una vez: «La humildad es el sólido fundamento sobre el cual se construyen todas las demás virtudes». Y el autor de *bestsellers* Rick Warren dijo una vez: «La humildad no es pensar menos **de** ti mismo, es pensar menos **en** ti mismo».

Aprende a cultivar la humildad. Será la raíz de la cual crecerán todas las otras virtudes que te llevarán a imitar al hombre más rico del mundo. Salomón tuvo una muy fuerte dosis de humildad en su juventud y no parece haberle hecho mucho daño, ¿no te parece?

ADQUIERE SABIDURÍA

Se dice que en el reino del sabio Suleimán había una joven viuda que era tan pero tan pobre que casi no tenía dinero ni para comprar alimentos. Un día, la joven decidió pararse frente a una panadería donde acababan de hornear unos riquísimos pasteles.

Al principio, tuvo la intención de entrar y comprar alguno para saciar su hambre. Pero después recordó a sus dos preciosos hijos y la necesidad de gastar las pocas monedas que tenía en comida para ellos. Decidió quedarse en la puerta junto a los panecillos, pues se dijo a sí misma:

—Si no tengo dinero para comprarlos, por lo menos puedo disfrutar del aroma que tienen… ¡y es casi lo mismo!

Transcurridos apenas un par de minutos disfrutando el aroma riquísimo de los panes recién horneados, el dueño del negocio salió a regañarla enfurecido:

—¿Qué es lo que está haciendo en la puerta de mi negocio?

—Estoy disfrutando del aroma de sus panecillos —dijo la viuda.

—Usted no puede hacer eso. Si quiere oler el aroma de los panes, debe pagar —dijo, y trató de arrancar de las manos de la clienta un pequeño saco donde guardaba sus monedas.

—¿Cómo? ¿Pagar por oler los panes? Si no me he comido ninguno —protestó la joven, confundida.

—¡Claro! ¡Debe pagarme! —dijo el mercader.

Con el alboroto que los dos estaban haciendo, comenzó a juntarse la gente del pueblo a su alrededor. Algunos estaban de parte de la joven viuda, otros, de parte del panadero. La discusión continuó por un rato, hasta que a alguien se le ocurrió una idea:

—¡Preguntémosle al sabio Suleimán! ¡Él sabrá la respuesta!

Así que se dirigieron inmediatamente al castillo del sabio rey para consultarle sobre el problema. Cuando llegaron, Suleimán estaba en su trono y le pidió a cada uno que presentara su caso.

—Oh gran Suleimán —dijo el panadero—, esta mañana me levanté antes del amanecer para hornear estos panecillos. Trabajé muy duro para hacerlos y, cuando los coloqué en mi negocio, esta mujer se paró en la puerta de la panadería para oler el aroma de las cosas que había horneado. Ahora no quiere pagar por ello.

—¡Pero no me comí ningún pan! —interrumpió la joven viuda—. ¡Solamente disfruté del aroma que ya estaba en el aire! ¿Es que debo pagar por el aire que respiro?

—Eso no es cierto —argumentó el panadero—. Nuestras leyes son bien claras: si tomas algo que alguna persona ha hecho, debes pagar por ello. Yo horneé los panecillos y ella tomó el aroma que salió de esos panes y no pagó por ello.

Suleimán se quedó un tanto pensativo. Luego miro a los litigantes y les dijo:

—Es cierto, nuestra ley dice exactamente eso y debemos obedecerla. ¡Ella debe pagar por haber disfrutado el aroma de los panes!

Todos los participantes de la audiencia se miraron sorprendidos de la decisión que había tomado el sabio rey. Fue entonces cuando Suleimán miró a la joven viuda y le dijo:

—Joven, toma tu saco de dinero.

La joven obedeció de inmediato.

—Ahora sacude las monedas.

La viuda sacudió las monedas dos y tres veces. Al hacerlo, todas las monedas comenzaron a hacer ruido dentro del saco.

—¿Has oído eso? —preguntó el sabio Suleimán al mercader —Ya te ha pagado.

—¿Cómo que me ha pagado?

—¡Claro que sí! ¡Ha pagado por el aroma de tus pasteles con el ruido de sus monedas!

Y, habiendo dicho eso Suleimán, todos los súbditos en la audiencia comenzaron a reír y a celebrar la sabiduría de su amado rey.[1]

Sabiduría no es lo mismo que inteligencia. La Real Academia Española define la palabra sabiduría como la «conducta prudente en la vida o en los negocios».[2] Conducirse prudentemente no solo requiere de inteligencia, hace falta juntar la experiencia con el conocimiento y el buen juicio. Una persona puede no tener muchos años de estudio escolar, pero ser una persona sabia.

Cuántas personas conocemos que, a pesar de ser muy inteligentes, hacen cosas muy necias. No todos los inteligentes son también sabios. Salomón era sabio; y esa sabiduría le permitió acumular una cantidad de riquezas como la que el mundo no ha podido volver a ver jamás. Si quieres que te vaya bien en la vida, debes adquirir sabiduría.

Salomón dice:

Adquiere sabiduría y buen juicio;
no eches mis palabras al olvido.
Ama a la sabiduría, no la abandones
y ella te dará su protección.
Antes que cualquier otra cosa,
adquiere sabiduría y buen juicio.
Ámala, y te enaltecerá;
abrázala, y te honrará;
¡te obsequiará con la más bella guirnalda
y te coronará con ella![3]

El domingo de Pascua del año 2013, un sector de la conocida autopista interestatal 77, en la frontera entre los estados de Carolina del Norte y Virginia, tuvo que cerrarse por completo al tránsito. El corte inesperado de la autopista en el momento en que todo el mundo iba a servicios religiosos causó retrasos y colas increíblemente largas. ¿La razón? Unos diecisiete accidentes de tránsito, uno detrás de otro, que dejaron tres personas muertas y decenas de heridos.

El problema de fondo estaba en una niebla muy espesa que cayó sobre una determinada parte de la carretera y dejó casi sin visibilidad a los automovilistas que entraban en esa zona. Para cuando se daban cuenta de los accidentes que había en el camino, no tenían tiempo de maniobrar y terminaban chocando con todo tipo de vehículos esparcidos por la carretera.

En la vida, muchas veces nos pasa lo mismo. Es fácil tomar decisiones cuando el día está soleado y podemos ver a larga distancia. El problema ocurre cuando las tormentas llegan a nuestro negocio o a nuestra vida económica y no vemos cuál es el rumbo que debemos seguir. Para eso no necesitamos información ni educación. Necesitamos sabiduría. Ella nos ayuda a entender que, por ejemplo, debemos bajar significativamente la velocidad para poder entender el mundo que nos rodea y no acabar estampados contra los restos de algún auto en el camino.

Por eso, quisiera desafiarte a que hagas algo inusual. Algo que, quizás, nunca se te haya ocurrido en la vida. Es un ejercicio que yo hice por años. Me ha servido a mí y también les ha servido a algunos amigos que manejan empresas y organizaciones multimillonarias. Si estás en disposición de seguir mis consejos, este ejercicio te cambiará la vida. Aquí va la idea.

El libro de los Proverbios de Salomón tiene treinta y un capítulos. Casi la misma cantidad de días que hay en un mes. Mi desafío es que te consigas una copia de ese libro en una traducción *actual*, como la Nueva Traducción Viviente o la Versión Popular (Dios Habla Hoy) y comiences a leer un capítulo por día. Si el mes solamente tiene treinta días, lee dos el último día. Lee esos proverbios. Piénsalos. Medítalos. Márcalos. Ten contigo algo con que escribir y una libreta en la que anotar tus ideas.

Esta es una experiencia sin igual. Va a ayudarte a pensar de una manera diferente y te darás cuenta de por qué Salomón fue un líder tan capaz como emprendedor y administrador. Asimilarás ideas. Aprenderás a discernir situaciones. Comenzarás a tomar sabias decisiones. Evitarás accidentes en la vida.

¡Hazlo! ¡Empieza hoy mismo!

Establece el ORDEN

El orden es la piedra angular de tu éxito económico. Salomón nos dice:

> *Mantente al tanto de tus ovejas,*
> *preocúpate por tus rebaños,*
> *pues ni riquezas ni coronas*
> *duran eternamente.*[1]

En la época del rey Salomón no había estados económicos ni cuentas de banco. Había ovejas. Las ovejas representaban la riqueza de una persona. Salomón, entonces, nos dice: «Tienes que saber cuánto tienes, cuánto ganas y cuánto gastas; y lo que gastas, en qué lo gastas».

Existe una manera de cumplir con esta idea en nuestras vidas. Más adelante, voy a presentarte una herramienta para hacer esto: un Plan de Control de Gastos. Tener un plan como ese te va a revolucionar la vida, como lo hizo con nuestra familia y nuestras finanzas a comienzo de los años noventa.

Por otro lado, el proverbio habla de «los rebaños». Ellos representan, creo yo, las inversiones que realizamos. Era en los rebaños donde la riqueza del ciudadano crecía. Allí era donde se multiplicaban las ovejas.

Entonces, el sabio Salomón nos dice: «Mantente al tanto de tu situación financiera y ten mucho cuidado con tus inversiones, porque las riquezas no duran para siempre».

Este proverbio nos presenta una idea esencial para nosotros los latinoamericanos y clave para el éxito en las finanzas, tanto a nivel individual como empresarial: **el orden**.

El orden es la piedra angular de tu éxito económico. Todo comienza con él. Debes abrazar el orden. No solo debes tener un Plan de Control de Gastos, debes amar el orden y convertirte en una **persona ordenada.** Debes traer orden a tu manera de comer, de dormir, de trabajar, de vestir, ¡hasta de lavarte los dientes!

No basta con manejar tus finanzas ordenadamente. También debes *ser* una persona ordenada. El orden provee estructura y predictibilidad.

El propósito del orden es facilitar la búsqueda y la obtención de información específica de una manera eficiente, y la información es poder. El orden te dará el control sobre el dinero y no permitirá que el dinero te controle a ti. Tengo un buen amigo que siempre dice: «El dinero es un buen siervo, pero un mal amo».

Ser disciplinados nos permite actuar eficazmente y manejar los pocos o muchos recursos que tenemos con eficiencia. El orden y la disciplina son, muchas veces, de las pocas cosas que podemos hacer para compensar la falta de recursos económicos que sufrimos de manera casi crónica en nuestros países.

La disciplina nos permite maximizar nuestro tiempo, nuestras capacidades, nuestros talentos y, sobre todo, nuestro dinero. En medio de la crisis y la dificultad, vive una vida ordenada.

¿Por qué planear?

Nosotros planeamos nuestra vida financiera porque no hay otra forma de que las cosas nos vayan bien. No hay otra opción.

Yo salí de Buenos Aires rumbo a Chicago cuando tenía veintidós años. Si has nacido y crecido, como yo, en un país con un alto índice de inflación, entonces planear cómo vas a gastar el dinero es una cuestión de vida o muerte. La diferencia entre comer o no comer a fin de mes tiene que ver con las decisiones económicas que hemos tomado durante las semanas previas.

Uno se transforma en un pequeño ministro de Economía. De hecho, conozco a algunos compatriotas argentinos que se merecen un doctorado *honoris causa* por haber sobrevivido al desastre económico de comienzos de los ochenta y al del 2001.

Una vez le preguntaron al rico Rockefeller: «Señor Rockefeller, usted es el hombre más rico del mundo,

¿cuánto es suficiente para usted?». El famoso millonario contestó: «¡Un poquito más!».[2]

Eso te muestra que no importa la cantidad de dinero que poseamos, nunca vamos a tener suficiente. El secreto no está en cuánto ganamos, ¡sino en cuánto gastamos! Debes controlar lo que gastas o nunca tendrás suficiente.

Además, debemos planear porque el ser humano ha sido creado con una tendencia natural hacia el orden. Piénsalo: el universo tiene un orden, el sistema solar tiene un orden, existen leyes en la naturaleza que proveen orden al mundo que nos rodea, el cuerpo humano tiene un orden tan impresionante que todavía nos cuesta trabajo entender cómo tanta complejidad puede funcionar con tanta armonía.

La sociedad tiende a establecer el orden. Por eso existen las leyes. Yo creo que, para los seres humanos, el orden es más importante que la libertad. Es muy interesante ver cómo, cuando se pierde el orden social, los ciudadanos de un país están dispuestos a entregar sus garantías de libertad constitucional para restablecer el orden y la paz.

Esta no es una opinión política, es simplemente la observación de un proceso que nos ha tocado vivir en Latinoamérica: cada vez que perdimos el orden social (o el económico), estuvimos dispuestos a entregar parte de nuestras libertades democráticas con el fin de restablecerlo.

No hay ningún barco en el mundo que zarpe de un puerto de salida sin tener asignado un puerto de llegada. No hay ningún avión comercial que levante vuelo en un aeropuerto sin saber a qué aeropuerto habrá de arribar. No existe ningún libro que se comience a escribir sin una idea de lo que se quiere decir. No hay ninguna boda que haya de comenzar sin tener una pareja para casar.

Todo tiene un orden. El universo busca un equilibrio. Todos necesitamos de cierta consistencia en nuestras vidas. Cuando vivía en Chicago, me di cuenta de que hasta el borrachín más empedernido siempre buscaba la misma esquina donde sentarse a tomar.

El ser humano tiene una tendencia interior a buscar el orden en medio del desorden. A imitar el carácter de su Creador. Traer orden al caos.

Por esa razón tienes este libro en tus manos: porque necesitas aprender a ordenar tu vida económica. Si lo haces, cambiarás el rumbo de la historia de tu familia. Pero no te estreses: juntos vamos a buscar el orden en tu vida financiera. Juntos vamos a ordenar tu economía.

¿Cómo hacemos un plan?

Si quieres, puedes verme explicar todo esto en solamente cinco minutos. Agradecemos a nuestros amigos de CBN y el Club700 Hoy por grabar estos cortos videos y colocarlos en YouTube.

También puedes encontrar un enlace a este video en la página de Cultura Financiera: www.culturafinanciera.org

Mira en la sección «Cultura» y encontrarás muchos videos que te pueden ayudar, ¡completamente gratis!

Hacer un plan para controlar tu dinero no es muy complicado. Millones de personas como tú alrededor del mundo ya han aprendido a hacer un plan. Simplemente tienes que recordar cinco palabras:

1. Comprométete
2. Colecciona
3. Compara
4. Corrige
5. Controla

1. Comprométete

Lo primero que debes hacer *inmediatamente* es **conseguir** una herramienta que te va a ayudar a manejar el dinero y a averiguar cómo lo estás gastando.

Aquí van algunas recomendaciones:

a. Si tienes un «teléfono inteligente», busca en la tienda de *apps* una aplicación con la que puedas manejar dinero. Simplemente comienza una búsqueda con la palabra «presupuesto» y elige la aplicación (o «aplicativo», como lo vi llamar en algún país en los últimos meses) que más te guste. Algunas características recomendadas:

- Segura
- Sencilla, fácil de usar
- Intuitiva
- Configurable
- Multilingüe
- Visual
- Gráfica
- Flexible (para poder crear o borrar categorías)
- Resguardable (*back-up* en algún programa en la nube)
- Imprimible
- Multiusuario
- Independiente (no necesita conexión de Internet)
- Con filtros para búsquedas
- Que monitorice balances
- Exportable
- Multidivisas (cambia de monedas cuando viajes)
- Gratis

Precaución: presta atención porque algunas aplicaciones que son de descarga gratis te dejarán hacer una cierta cantidad de transacciones y luego deberás pagar para poder usarla a largo plazo. Si te gusta alguna por la que debes pagar y te sientes realmente bien con ella, paga el costo con gusto. Vale la pena invertir un par de dólares en una herramienta que te va a ayudar a manejar el dinero en los próximos años.

b. Si no tienes un teléfono inteligente, busca en la Internet un *software* o archivo de Excel® que te ayude a manejar el dinero. En tu buscador, escribe «*software* presupuesto personal» y encontrarás una lista de lugares que ofrecen archivos y *software* para ayudarte a manejar el dinero. Aquí tienes algunas recomendaciones:

- En nuestro sitio de www.culturafinanciera. org busca en el área de «CULTURA» el «*Software* Financiero» (te redirigirá a un *software* producido en Ecuador llamado **financialeducation.com**).

- Escribe en tu buscador de Internet «Mis cuentas claras»[3] (solo un diario de entradas, gastos y sus comparativas. No hay presupuesto).

- Presupuesto Familiar.[4] Busca esta planilla de Excel® en nuestro sitio de Cultura Financiera www.culturafinanciera.org/ formularios.

Precaución: hemos notado que, en algunos lugares de Internet, cuando tratas de bajar algún programa gratis, tienen un sistema que no solo baja el programa que pides, sino que, a través de una serie de preguntas confusas, también consiguen tu permiso para bajar otros programas. Presta atención a esto y no permitas que instalen en tu computadora *software* que tú no deseas.

2. Colecciona (o recopila)

Ahora necesitas recopilar información para diseñar un plan inteligente. El propósito del orden es la información, y la información es poder, ¿no es cierto? En este caso, es poder para cambiar tu futuro económico.

Hay dos maneras eficaces de recopilar información para saber exactamente dónde va el dinero de la casa. Tú debes elegir la que te resulte más fácil. Esto no afectará el resultado de la recolección de información.

La primera manera de recopilar información es escribir en tu teléfono, en un archivo Excel®, en un papel o en una libreta todos los gastos que haces cada día durante los próximos treinta días.

- Escribe todos los gastos, hasta los más pequeños.
- Anota la fecha, el tipo de gasto y la cantidad.

Si tienes una computadora, baja de nuestro sitio (gratis) una planilla de Excel® para recopilar información. Cada día, cuando termines la jornada, coloca en la planilla todos tus gastos. Búscala en el área de «Formularios», dentro del botón «Cultura».

La segunda forma de recopilar información es colocar en tu cuarto una cajita, como una de zapatos. Luego, a partir de ese momento y durante los próximos treinta días, pedirás un recibo por cada compra que hagas, no importa lo pequeña que sea.

Si no te dan un recibo, escribe el gasto en un pedazo de papel. Cada noche, cuando llegues a casa, coloca todos los recibos en la caja de zapatos.

Cuando termines de recopilar información por treinta días, tómate un día libre, no te comprometas con nadie y *dedícalo por completo* al trabajo de armar tu plan y pensar en tu futuro. El proceso te tomará unas cuatro o cinco horas.

3. Compara

Después de esos treinta días de recopilar información, ya tienes toda la información que necesitas para diseñar un plan. Ese día, miras en el teléfono cuánto gastaste, revisas la planilla de Excel®, miras en tu cuaderno de notas o vuelcas todos los recibos de la caja de zapatos sobre la mesa de la cocina.

Separa, ahora, tus gastos de acuerdo con determinadas categorías. A continuación, están las categorías en las que te recomiendo que dividas todos tus gastos del mes. *Elige solo las que te convenga usar a estas alturas de tu vida*:

Gastos de:

1. Transporte
2. Vivienda
3. Comida
4. Deudas
5. Entretenimiento
6. Vestimenta
7. Escuela
8. Gastos médicos
9. Seguros
10. Gastos varios o misceláneos

Sin embargo, antes de trabajar con los gastos del mes, comencemos por las entradas. Llena el siguiente formulario:

PLANILLA DE ENTRADAS (MENSUALES)

¿Cuánto trae el esposo a la casa?	$_____	Anota toda la cantidad de dinero que trae el esposo.
¿Cuánto trae la esposa?	$_____	Anota toda la cantidad que trae la esposa.
¿Tienes un salario de algún otro trabajo?	$_____	Si estás trabajando a tiempo parcial o total en algún otro lado, anota aquí el dinero que recibes. No coloques tu salario bruto, sino lo que traes realmente a tu casa.
¿Haces trabajos temporales?	$_____	Escribe el promedio mensual de lo que has traído en los últimos 6 meses.
¿Vendes cosas y tienes entradas que no son fijas?	$_____	Lo mismo que en el punto anterior. Saca el promedio de entradas de los últimos 6 a 12 meses y usa esa entrada promedio para tu plan.
¿Hay alguna otra entrada de dinero?	$_____	Si es esporádica, trata de establecer un promedio mensual. Si te devolverán impuestos, divide esa cantidad por 12 (o no la consideres y úsala como ahorro).
SUMA LAS CANTIDADES ANTERIORES	$_____	Estas son las entradas de dinero después de haber pagado tus impuestos.
Réstale a la cantidad anterior otros impuestos que debas pagar.	$_____	¿Hay algún otro impuesto que debes pagar por tus entradas de dinero? ¿Alguna otra retención?
INGRESO NETO	$_____	
Réstale a la cantidad anterior tus donaciones	$_____	Dale a César lo que es de César, pero también a Dios lo que es de Dios. Recuerda que es mucho mejor dar que recibir. Aprende a ser generoso y no solo lleves dinero a la iglesia, sino también aprende a compartir con los demás.
Este es tu DINERO DISPONIBLE **(DD)**	$_____	Esta es la cantidad de dinero con la que tienes que aprender a vivir.

Ahora que ya sabes cuál es tu dinero disponible (DD), debes *comparar* esa cantidad con tus gastos reales. Para esto, completa el siguiente formulario.

Si quieres un formulario más completo, tenemos una variedad de formularios en Excel® que hemos desarrollado a lo largo del tiempo. ¡Elige el que más te guste! Bájalos GRATIS de nuestro sitio web: www.culturafinanciera.org

Lista de gastos del mes. ¿Cuánto te gastaste en...?

1. Transporte _____

2. Vivienda _____

3. Comida _____

4. Deudas _____

5. Entretenimiento _____

6. Vestimenta _____

7. Escuela _____

8. Gastos médicos _____

9. Seguros _____

10. Gastos varios _____

TOTAL de gastos reales: _____

Toma la cifra del DD (dinero disponible) y réstale el total de los gastos reales. Esto te va a dar una idea de cómo andas económicamente. Este número final es como el termómetro de tu vida económica, una radiografía de tus finanzas. Es la cantidad con que te quedas en el bolsillo al final de cada mes:

Dinero disponible: _____

(menos) _____

Total (Gastos reales): _____

Balance (Este es el dinero que queda): _____

(¿Está en positivo o en negativo?)

¿Te da positivo o negativo el balance?

Si te da positivo, mírate en el espejo. Puede que tengas la piel verde, la cabeza grande y los ojos amarillos. En ese caso, confirmarías lo que me temo: ¡eres de otro mundo!

En realidad, te felicito. Perteneces a un grupo muy reducido de personas en el planeta. Lo único que tienes que hacer ahora es ajustar tu plan de acuerdo con tus sueños y metas para el año que viene. Andas por el buen camino.

Si el balance es negativo, debes «corregir» el plan.

4. Corrige

Si la resta anterior te dio un número negativo, ¡bienvenido al club! La mayoría de las personas de este mundo tiene tu mismo problema: gastan más de lo que ganan. Este número negativo significa que vas a tener que hacer algunos cambios importantes.

Vas a tener que mirar seriamente los gastos que estás teniendo y tomar algunas decisiones de «vida o muerte». Frente a esta situación, tienes tres opciones:

1. Bajas tus gastos: tu nivel de vida, tu estatus social.
2. Incrementas tus ingresos.
3. Haces las dos cosas al mismo tiempo.

No deberías tomar un segundo trabajo solamente para mantener tu estatus social. Estarías sacrificando lo trascendente en el altar de lo intrascendente.

Si ya te has casado, tampoco serviría que tu esposa saliera a trabajar fuera de casa para mantener el nivel de gastos, por la misma razón que el punto anterior. La única excepción sería que saliera a trabajar de una manera temporal para asignar su salario al pago de deudas o algo por el estilo. No estoy en contra de que la mujer trabaje fuera de casa, ¡es que ella *ya* trabaja dentro de la casa!

Si ella quiere trabajar porque ese es su llamado, su vocación y su deseo, creo que está perfectamente bien que lo haga. Pero, si su deseo es estar con sus hijos y ser el apoyo que la familia necesita en casa, yo no planearía que saliera a trabajar solo por mantener nuestro nivel de gastos. Bajaría los gastos y mantendría feliz a mi esposa.

No sé cuáles serán esas decisiones difíciles que necesitas tomar, pero te doy una lista de algunas decisiones tomadas por personas que he aconsejado:

- Mudarse de vivienda.
- Compartir la vivienda con otros.
- Irse a vivir con los padres.
- Salirse un año de la universidad para trabajar y juntar dinero.
- Quitar a los hijos de la escuela privada.
- Salir menos.
- Cambiar de plan en el celular.
- Volverse a su país de origen.
- Vender posesiones que no son necesarias.
- Comenzar a comprar ropa usada.
- Cambiar de trabajo.
- Cambiar de universidad.
- Otras cosas por el estilo.

¿Estás listo para tomar estas decisiones y preparar un nuevo plan? Entonces, dedica un tiempo a rellenar este formulario:

NUEVO PLAN DE GASTOS
Y AHORRO (MENSUAL)

En la columna llamada «Ahora» coloca las entradas y gastos que descubriste durante ese mes de recolección de información. Lo que encontraste en tu caja de zapatos.

Nota: presta atención y verás que en este listado hemos agregado una categoría muy importante: el AHORRO. Obedece la regla del: 80-10-10: 10% para Dios, 10% para ahorrar y el 80% restante, es para vivir.

TU META NÚMERO 1: Abrir una cuenta de ahorro en el banco y ahorrar el 30% de tu DD.

TU META NÚMERO 2: Acumular (a lo largo del tiempo) 2 a 3 meses de DD.

TU META NÚMERO 3: Cuando ya tengas los 3 meses en el banco, abrir una cuenta de ahorro a largo plazo (como, por ejemplo, un Fondo Mutuo o algo por el estilo). Hablamos más sobre el ahorro en la próxima sección.

Categoría	Ahora	Nuevo Plan
Ingreso NETO:		
Menos donaciones:		
A- Dinero disponible:		
Gastos:		
Transporte		
Vivienda		
Comida		
Deudas		
Entretenimiento		
Vestimenta		
Escuela/Educación		
Ahorros (¡Nuevo!)		
Gastos médicos		
Seguros		
Gastos varios		
B- TOTAL DE GASTOS		
DIFERENCIA (A - B):		

5. Controla

Ahora voy a compartir contigo uno de los secretos más importantes para tener éxito en el manejo del dinero: cómo controlar el plan que acabamos de hacer.

De nada sirve ponerte de acuerdo en cuánto vas a gastar en cada categoría si, cuando llega la hora de la verdad, no puedes controlar tus gastos.

Hay varias maneras de controlar un plan:

- Con planillas
- Con una *app*
- Con el *software* que elegimos al principio
- Con archivos de Excel®

Pero, si no tienes la posibilidad de usar ninguno de esos sistemas, te voy a presentar un sistema que les hemos enseñado a decenas de miles de personas en todo el continente: el sistema de controlar gastos por sobres. Realmente funciona.

En casa, usamos la computadora para obtener información, pero empleamos los sobres para controlar la forma en la que gastamos nuestro dinero.

Lo primero que debes hacer es decidir cuánto vas a gastar cada mes en cada categoría.

En segundo lugar, debes decidir cuáles de esas categorías las vas a manejar con dinero en efectivo **todas las semanas**. Por ejemplo, la comida, el entretenimiento, los gastos varios, el transporte (para el tique de los autobuses o la gasolina), etc.

El tercer paso es dividir esos gastos mensuales en cuatro y declarar cuatro «Días de pago personal» al mes: el 1, el 8, el 16 y el 24 (en casa los llamamos «Días de pago familiar»).

Cuidado: no te estoy recomendando que dividas el mes en cuatro semanas, sino en cuatro «Días de pago». La razón es que, de vez en cuando, vas a tener cinco semanas en un mes y una de las razones por las que estás armando un plan es para proveer coherencia a tus gastos. La quinta semana hace que tu plan sea incoherente y te quedes sin dinero hacia el final del mes.

Olvídate, entonces, de las semanas del mes y de las fechas cuando cobras tu salario. Cuando cobras, simplemente asegúrate de que el dinero va a tu cuenta de banco o al lugar donde sueles guardarlo. Luego el 1, el 8, el 16 y el 24 serán los días en que irás al banco (o a tu colchón familiar) para retirar el dinero en efectivo que necesitarás para funcionar los próximos 7 u 8 días.

Ejemplo:

Categorías	Días de pago familiar			
	1	8	16	24
Comida				
Vestimenta				
Entretenimiento				
Transporte				
Gastos varios				
Total a retirar				

No te preocupes de los otros gastos (alquiler, gas, luz, auto). Si armaste correctamente tu plan de control de gastos de acuerdo con los parámetros que te hemos sugerido, esa parte del plan «se cuida sola». Los gastos anteriores son casi «fijos», y la mayor cantidad de dinero que desperdiciamos se nos va a través de nuestros gastos variables y del dinero en efectivo que tenemos en el bolsillo.

Debes decidir entonces cuánto vas a gastar en comida. Si vas a gastar 400 dólares por mes en comida, eso quiere decir que vas a tomar 100 dólares cada «Día de pago» para comer por los próximos 7 u 8 días. Este debe ser un compromiso firme de tu parte.

Si vas a separar unos 80 pesos por mes para comprarte ropa, cada día de pago retiras 20 pesos.

Si vas a gastar 100 pesos en entretenimiento al mes, retiras 25 cada «Día de pago personal». Mira el ejemplo:

Categorías	Días de pago familiar			
	1	8	16	24
Comida	100	100	100	100
Vestimenta	20	20	20	20
Entretenimiento	25	25	25	25
Auto o transporte				
Gastos varios				
Total de retiro				

¿Te das cuenta de que aquí no importa si cobras semanal, quincenal o mensualmente? Lo único que importa es que retires del banco la cantidad que has presupuestado para vivir por los próximos 7 u 8 días. De lo único que te debes preocupar es de no sacar más dinero del que te has prometido gastar. El resto del plan se cuida solo.

Finalmente, si decides que necesitas unos 240 pesos por mes para gastos del auto o tu transporte y unos 200 para gastos varios, tu cuadro de retirada de dinero quedará de la siguiente manera:

Categorías	Días de pago personal			
	1	8	16	24
Comida	100	100	100	100
Vestimenta	20	20	20	20
Entretenimiento	25	25	25	25
Auto o transporte	60	60	60	60
Gastos varios	50	50	50	50
Total a retirar	255	255	255	255

Esto quiere decir que cada «Día de pago familiar» tomarás 255 pesos del banco para tus gastos en efectivo hasta el próximo «Día de pago».

Ahora tienes una forma de control. Sabes que cada 7 u 8 días vas a gastar 255 pesos en efectivo para tus gastos variables y, como por arte de magia, has convertido tus «gastos variables» en gastos fijos.

Ahora tienes tú el control. ¡Tú controlas el dinero y el dinero no te controla a ti!

Te animo a que hagas un ejercicio práctico. Trata de definir tus gastos en dinero en efectivo para cada «Día de pago».

Categorías	Días de pago familiar			
	1	8	16	24
Total a retirar				

Finalmente, lo que debes hacer es tomar algunos sobrecitos para distribuir entre ellos el dinero en efectivo. Nosotros usamos un sistema de sobres que se cierra como si fuera una billetera.

A uno de los sobres le colocas la palabra «donativos»; a otro, «vivienda»; a otro, «comida»; a otro, «auto o transporte». De este modo vas teniendo un sobrecito para cada categoría que has escrito arriba.

Si tienes pareja, te recomiendo tener sobres para el esposo y para la esposa. Pueden usar una cajita de cartón para poner los sobres. Entonces, cada día de pago personal (o «familiar», en este caso), la esposa y el esposo se dividen el dinero.

Un ejemplo: si decidiste que vas a gastar 100 pesos en comida entre cada Día de pago, tomas el sobrecito de la comida y colocas allí los 100 pesos (o los divides a partes iguales entre el sobre del esposo y el de la esposa).

Cuando vayas al mercado, toma el sobre de la comida y paga con el dinero que hay en él. El problema viene cuando se te acaba el dinero de ese sobre antes del siguiente Día de pago.

Vas a sufrir un poco por dos o tres meses. Pero, una vez que aprendas que no hay que gastar todo el dinero del sobre al comienzo de la semana, te vas a dar cuenta de lo valioso que es este concepto.

Lo mismo ocurre en el área del entretenimiento. Imagínate que llega el domingo. Al salir de la iglesia, tu amiga Carolina te dice: «¡Vamos a comernos una pizza!». Entonces, ¿qué haces? Muy sencillo, abres el sobrecito del entretenimiento y miras: «¿Tengo o no tengo dinero para ir a comer pizza?».

Si no tienes dinero, le dices a tu amiga: «¿Sabes? Va a tener que ser la próxima semana, porque he gastado todo el dinero de entretenimiento para esta semana». Quizá Carolina te diga: «No te preocupes, yo pago». Entonces, muy amablemente, le dices: «¡Gracias! ¡Eres una buena amiga!».

¡Y esa es la diferencia entre los que tienen un plan y los que no! Los que no tienen un plan ¡no saben cuándo parar de gastar!

Lo mismo debe ocurrir con los gastos misceláneos. Una vez que se te acabaron los «gastos varios» de la semana, no vas a poder ir a cortarte el cabello o a hacerte las uñas hasta la semana que viene. ¿Por qué? Porque ya se te acabaron los gastos misceláneos y te has comprometido a esperar hasta el próximo Día de pago.

Tal vez no vas a poder bajar juegos ni música, ni comprarte tu chocolate preferido esta semana porque has gastado demasiado en esa categoría. Quizás alguna otra cosa tenga que sufrir las consecuencias. El asunto es estar totalmente comprometido con cumplir con la palabra empeñada.

Muy bien. Ahora tienes un plan personal y también tienes una forma concreta y práctica de controlarlo. ¿Qué te parece?

El primer ingrediente para lograr la prosperidad integral está en tus manos. No te desanimes. Tú puedes tomar el control de tus finanzas. No te dejes desanimar por aquellos que te dicen que no lo vas a poder hacer.

Tampoco te dejes desanimar por los errores que puedas cometer mientras tratas de cambiar tus hábitos. No desmayes. ¡Aprende de tus errores y continúa adelante!

Tú puedes, si quieres.

El futuro está en tus manos.

IDEA 4

AMA la DILIGENCIA

Los proyectos del diligente resultarán en abundancia,
pero todo apresurado va a parar
en la escasez.

—*Salomón*[1]

Una mañana, mientras Salomón caminaba por uno de los famosos jardines de su palacio, le vinieron a avisar que había llegado una delegación de gobernadores de Egipto, enviados por su suegro, el poderoso Faraón. La delegación llegó temprano y pidió encarecidamente encontrarse con el sabio rey de Oriente Medio lo antes posible. Traían preguntas importantísimas para resolver problemas críticos del imperio del Nilo.

Al final del día, todas las preguntas les fueron contestadas y las inquietudes, resueltas. Para celebrarlo, Salomón invitó a la comitiva a una gran fiesta en su honor antes de que regresaran a la tierra del padre de su esposa.

En medio de la fiesta, el encargado de la comitiva egipcia se acercó al famoso rey y le informó que el Faraón le había dicho que, a cambio de sus sabios consejos, Salomón pidiera lo que quisiera de él.

—Ustedes no pueden pagarme por mis consejos. Déjenme algunos regalos y con eso estaremos felices los dos.

—De ninguna manera —respondió el gobernador de Egipto—. Nuestro Faraón tiene riquezas incalculables y él desea que usted decida cuánto debemos pagarle por su consejo.

Una vez más, Salomón declinó cobrarles. Pero, frente a la insistencia del magistrado, le dijo finalmente:

—Muy bien. Tráiganme dos de sus famosos juegos llamados Senet y colóquenlos uno al lado del otro. Cada juego tiene treinta cuadrados, los dos tendrán sesenta en total. El pago que deseo es sencillo: por el primer cuadrado, quisiera que me den un grano de trigo. Por el segundo, dos. Por el tercero cuatro granos de trigo y, así, continúen doblando la cantidad hasta que llenen los sesenta cuadrados.

—¡No hay problema! —dijo el magistrado egipcio. Nuestro Faraón en inmensamente rico y puede con facilidad cumplir con su deseo.

El problema vino, por supuesto, cuando llegaron los matemáticos egipcios y comenzaron a hacer los cálculos: un grano, dos granos, cuatro granos, ocho granos... y, calculando que un grano de trigo pesa aproximadamente 0.065 gramos,[2] para cuando llegaron al cuadrado número cuarenta, se dieron cuenta de que el pago sumaba más de 2.200 millones de kilos de trigo ¡y todavía quedaban veinte cuadrados más!

—Como ven —les dijo entonces Salomón—, hay cosas en la vida que son muy difíciles de calcular. Una de ellas es cuánto cuesta la sabiduría. La otra es el crecimiento continuo a lo largo del tiempo. Vayan en paz y envíen mis cordiales saludos al gran Faraón de Egipto.

EL FAMOSO SALOMÓN ERA UN GRAN DEFENSOR DE la diligencia. En los escritos que han sobrevivido a lo largo del tiempo podemos observar que tenía una fijación con el tema del trabajo duro y perseverante a lo largo del tiempo. Esa es la característica de la diligencia que nuestra historia estaba enfatizando.

Sin embargo, si estudiamos bien la literatura sapiencial y los escritos de Salomón, nos daremos cuenta de que la *diligencia* no significa simplemente trabajo duro o perseverancia a lo largo del tiempo. El concepto de diligencia implica también los conceptos de *responsabilidad* y de *confiabilidad*. Ser fiel en las cosas pequeñas para que se nos encarguen responsabilidades mayores.

Uno de mis mentores, el doctor Howard Dayton, me dijo una vez: «Las cosas pequeñas son pequeñas cosas; pero la fidelidad en las pequeñas cosas, ¡eso sí es una gran cosa!».

Diligencia significa no dejar para mañana lo que se puede hacer hoy.

La diligencia también significa hacer las cosas de la mejor manera en la que uno lo pueda hacer. Producir excelencia cada vez que se nos asigne una tarea. Salomón decía:

> *Y todo lo que esté en tu mano hacer,*
> *hazlo con todo empeño.*[3]

Ser diligente no significa que uno va a hacer *lo* mejor de la historia, sino lo mejor que *uno* puede. Quizás no podemos hacer lo mejor del mundo porque no tenemos los recursos necesarios para llevar a cabo la tarea con un nivel de excelencia de nivel mundial. Pero sí podemos dar lo mejor de nosotros mismos.

El mayor enemigo de lo excelente no es lo mediocre. El mayor enemigo de lo excelente es lo *muy bueno*, porque la gran mayoría de la gente se detiene en lo *muy bueno*. Piensan que es suficiente, y esa es la razón por la que nunca llegan a la excelencia.

Salomón decía:

> *El que hace bien su trabajo,*
> *estará al servicio de reyes*
> *y no de gente insignificante.*[4]

Si quieres servir a reyes, gente en autoridad y líderes mundiales, tendrás que ser diligente en tu trabajo. Eso implica que cada vez que hagas un trabajo deberás hacerlo con excelencia. Cada *punto de contacto* que un cliente o proveedor tenga contigo (una llamada telefónica, un correo electrónico, un mensaje de texto, una compra, un servicio recibido) debería ser una experiencia de excelencia. Cada vez que alguien toca tu trabajo, debería ser una experiencia que le deje buenos recuerdos.

«*Muy bueno* no es suficiente cuando *excelente* es lo que se espera», le escuché decir a alguien en la ciudad de Chicago hace muchos años. Y es una gran verdad. No pares en lo *muy bueno*. Camina la milla *extra*. Actúa con excelencia en todo lo que hagas.

Excelente no es algo que yo hago, es algo que yo *soy*. Yo no hago las cosas con excelencia porque hay alguien que me vigila. Yo hago las cosas con excelencia, porque yo *soy* *excelente*.

Aquí tienes hay algunas ideas con respecto a lo que es la excelencia:

- Excelencia es **servicio**
- Excelencia es **mejorar de manera constante y coherente**
- Excelencia es **disciplina**
- Excelencia es **responsabilidad hacia los demás**
- Excelencia es **aprendizaje constante**
- Excelencia es **previsión**
- Excelencia es **comunicar con eficiencia**
- Excelencia es **tener clientes que regresen**

Diligencia, entonces, es trabajar arduamente, con perseverancia, siendo responsable, confiable, fiel y excelente en todos tus puntos de contacto con clientes y proveedores.

Hay grandes beneficios en ser excelente. Benjamín Franklin decía: «La diligencia es la madre de la buena suerte». Aquí van algunos proverbios que provienen de la sabiduría del famoso Salomón:

El diligente alcanza grandes riquezas.[5]
La mano diligente obtiene el mando; la
flojedad acaba en trabajos forzados.[6]
El deseo de los diligentes queda satisfecho.[7]
Al que cultiva su campo, hasta le sobra comida.[8]
La riqueza ilusoria, disminuye; el que
la junta poco a poco, la aumenta».[9]

Permíteme contarte una última historia sobre el tema de la importancia de aprender a amar el trabajo duro, diligente y excelente:

Una vez, el famoso rey David, cuando ya era un hombre de mucha fortuna a quien todo su pueblo amaba y respetaba, decidió enseñarle una importante lección a su joven hijo Salomón.

David tenía rebaños, plantaciones, una gran cantidad de esclavos y negocios que se extendían por todo Oriente Medio, desde el río de Egipto hasta el Éufrates. Sin embargo, lo que David más amaba no era su fortuna, sino a su familia, especialmente a su hijo Salomón.

A medida que Salomón iba creciendo en estatura y conocimiento, una de las preocupaciones principales de su padre era preparar a su hijo para tomar las riendas del imperio que tanto le había costado construir. Debía enseñarle tanto el ser como el hacer del éxito.

Un día, mientras David estaba sentado bajo un olivo, disfrutando del fresco de la mañana, llamó a su hijo y le dijo:

—Mi querido Salomón, ha llegado el momento de que aprendas a valorar el dinero y a amar el trabajo. Hoy deberás traerme, al final del día, algún fruto de tu labor. Saldrás a buscar algo para hacer y ganar dinero. De lo contrario, no habrá comida para ti a la hora de la cena de esta noche.

El jovencito Salomón estaba conmocionado. Nunca le habían dado un ultimátum como este en el palacio. Desconcertado, corrió hacia su madre Betsabé y, entre sollozos, le contó la conversación con su padre David. La madre, con un corazón compasivo, abrió su bolsa de ahorros, sacó una moneda de oro y se la entregó a su amado hijo.

Esa noche, cuando David pidió cuentas a su hijo sobre el fruto de su labor, el joven presentó al instante su moneda de oro. Entonces, el padre sabio le pidió al hijo que echara la moneda en un pozo de agua, lo que el hijo hizo inmediatamente y sin dudar.

A la mañana siguiente, David le pidió a su esposa que fuera a visitar a su madre por algunos días. Tan pronto la caravana de su esposa salió por el camino, llamó a Salomón y le dijo:

—Mi querido Salomón, debes aprender a valorar el dinero y amar el trabajo. Hoy nuevamente deberás traerme, al final del día, algún fruto de tu labor. Saldrás a buscar algo para hacer y ganar dinero. De lo contrario, no habrá comida para ti a la hora de la cena de esta noche.

Salomón, sabiendo que su madre no estaba en casa, corrió inmediatamente a contarle sus penas a su hermana mayor, quien, al final de la conversación, compadecida de él, le entregó una moneda de plata.

De nuevo, esa noche, cuando David pidió cuentas a su hijo sobre el fruto de su labor, el joven inmediatamente presentó la moneda de plata que había recibido de su hermana. Entonces el padre sabio le pidió otra vez a su hijo amado que echara la moneda en el pozo de agua donde había tirado la moneda de oro la noche anterior. Salomón obedeció al instante y sin dudar.

Para la tercera mañana, el sabio rey llamó a su hija y le rogó que fuera a quedarse con su suegra algunos días. Tan pronto como la caravana de su hija se alejó del palacio, llamó a su hijo debajo del olivo y le dijo por tercera vez:

—Mi querido Salomón, hoy, por tercera vez, quiero que me traigas, al final del día, algún fruto de tu labor. Saldrás a buscar algo para hacer y ganar dinero. De lo contrario, no habrá comida para ti a la hora de la cena de esta noche.

El joven príncipe, dándose cuenta de que sus benefactoras estaban fuera de su alcance, decidió viajar hasta Belén y ofrecer sus habilidades a unos importantes mercaderes que conocían muy bien a su padre desde su juventud. Finalmente, uno de ellos (entendiendo la importancia del pedido) le ofreció dos monedas de cobre por ayudar a su mayordomo a descargar una carreta llena de preciadas telas que habían llegado de Oriente.

Salomón asintió de inmediato y se pasó el resto del día acarreando bultos y cajas desde el transporte hasta la bodega del mercader amigo de su padre. Al final de su primer día de trabajo, cansado y adolorido, con gusto recibió las dos monedas de cobre prometidas.

Esa noche, nuevamente en el palacio y frente al cuestionamiento de su padre, el joven mostró con todo orgullo sus ganancias del día. El sabio David, por tercera vez, le ordenó que las tirara al pozo de agua.

Salomón, aterrorizado, clamó a gran voz:

—¡Pero... padre! ¿Cómo voy a tirar estas dos monedas al estanque? ¡Después de todo lo que tuve que hacer para ganarlas! Me duele la espalda, me duelen los brazos, me duelen los músculos... ¿Y tú me pides que tire el fruto de mi labor al pozo?

El sabio rey de Israel miró con ternura a su hijo y, mientras sonreía afablemente, le explicó que a uno solo le duele perder aquello que le ha costado ganar.

En la primera y segunda ocasión, cuando fue ayudado por su familia, no le costó tirar las monedas al pozo. Ahora que conocía el valor del dinero, estaba listo para aprender a administrarlo. El jovencito Salomón, por su parte, al darse cuenta de esta gran lección, prometió nunca más ser un holgazán y trabajar arduamente para cuidar de la fortuna que tanto trabajo le había costado acumular a su querido padre.

David, por su parte, se comprometió a entregarle todos sus bienes y a ayudarle a administrarlos sabiamente por el resto de su vida.[10]

La graciosa historia del joven Salomón se repite millones de veces a lo largo y ancho de nuestro continente: millones de personas creen que el trabajo es una maldición de Dios en sus vidas y se esfuerzan por trabajar lo menos posible, creando una relación de codependencia con nuestros Gobiernos.

Eso nos causa un gran perjuicio y no nos permite abrazar la diligencia en los negocios que hacemos o el lugar donde trabajamos. Tratamos de recibir la mayor cantidad de ayuda gubernamental trabajando lo menos posible. Sin embargo, empezamos a valorar realmente el costo del dinero cuando lo ganamos nosotros mismos, con el sudor de nuestra propia frente.

ABRAZA la LIBERTAD

El que pide prestado es sirviente del que presta.[1]
—*Salomón*

RECUERDO CUANDO RECIÉN NOS CASAMOS... MI papá nos trajo algo de dinero para que pudiésemos empezar nuestra vida matrimonial libres de deudas. Sin embargo, en vez de pagar deudas, me compré un auto. Allí comenzaron mis problemas económicos.

Tres años después, estábamos en un pozo económico de 65.000 dólares, y lo peor es que no veíamos la forma de salir. Allí fue cuando uno de mis más amados mentores, el doctor Larry Burkett, me encontró en la ciudad de

Chicago. Yo era el administrador de una emisora de radio, era un personaje conocido en ciertos círculos de la ciudad, conocido y querido por gente de la comunidad hispana y el Gobierno de Chicago… y a punto de divorciarme.

Quiero que sepas que, si tienes deudas, nosotros te entendemos. Entendemos las dificultades por las que estás pasando, la inseguridad, la presión que sientes por parte de los acreedores, el dolor, la ansiedad, etc. El tema de las deudas, creo yo, es la fuente más importante de estrés en las parejas de nuestros países en el siglo veintiuno.

En la época de nuestros abuelitos, tener deudas era visto como una desgracia en la vida. ¡Nuestros abuelos huían de las deudas como de la plaga! Eso es porque ellos amaban la libertad.

Ellos sabían que, si pedían prestado, inmediatamente se colocarían en una situación de servidumbre con su acreedor. Mal que mal, aunque nunca hubiesen sido muy «religiosos», conocían los escritos de los Libros Sapienciales. Por eso, preferían vivir con más sencillez y hacer crecer sus negocios a lo largo del tiempo, libres de compromisos que los ataran a otros.

A nosotros, por otro lado, se nos ha enseñado que las deudas son «deseables» y son «esenciales» para poder comenzar un nuevo negocio. Por ejemplo, a los alumnos que están haciendo estudios en administración de empresas se les enseña en la universidad que, si quieres comenzar un negocio, lo primero que debes hacer es salir a buscar un préstamo. ¡Tonterías! ¡Nunca escuché nada tan insano como eso!

Claro, como nos comemos cualquier cosa que viene «del norte»,[2] sin anestesia, nos creemos todo lo que los libros de finanzas para norteamericanos dicen. Pero esos libros están escritos para ellos, no para nosotros. Solo están traducidos al español. A menos que encaremos su lectura desde ese punto de vista, vamos a tener serios problemas con nuestras finanzas.

Los norteamericanos tienen una ventaja increíble sobre el resto de nuestro continente: tienen intereses de los más bajos del mundo y una economía mucho más estable, con salarios más altos. Sin embargo, y a pesar de ello, están en serias dificultades económicas. Según un reporte de CNBC,[3] hay unos 157 millones de personas en Estados Unidos que tienen deudas en tarjetas de crédito, y la deuda promedio de los endeudados en diciembre del 2016 era de 16.048 dólares,[4] lo cual está produciendo altos niveles de estrés en sus hogares.

Después de hablar con innumerables consejeros personales y familiares, he llegado a la conclusión de que, en nuestro siglo, los problemas de dinero son la razón más común por la que los matrimonios norteamericanos se divorcian. Eso no debería ocurrir en países desarrollados. Se supone que tienen los salarios y el estilo de vida más altos del mundo. Sin embargo, la esclavitud financiera nos está matando.

«Uno aprende con la cabeza o con los pies», decía el abuelito ucraniano de mi mamá. Y tenía mucha razón. Aprende con la cabeza, mirando a otros, imitando los aciertos y evitando los errores. El endeudamiento personal ha sido un gran error cometido por las familias del *primer mundo*. No las imites.

El otro gran problema de imitar los consejos de los *gurús financieros* del primer mundo es que no nos damos cuenta de que los intereses que pagamos en nuestros países son muchísimo más altos que los que se pagan allá. Considera el siguiente ejemplo:

Hace algunos años, estaba en Buenos Aires dando una conferencia de finanzas personales cuando un joven se me acercó y me dijo: «Doctor Panasiuk, tengo un banco que me ofrece un préstamo hipotecario de 100.000 dólares para comprar una casa. Me lo dan a 15 años y al 12 % de interés anual y fijo. El pago es de 1.200 dólares, pero tengo un buen trabajo y lo puedo pagar, no tengo ningún problema con eso. ¿Usted qué cree? Yo me estoy por casar y pensé que esa es una buena manera de tener una casita para mi futura familia».

Yo, entonces, saqué una calculadora y comencé a hacer números:

Préstamo: 100.000 dólares
Interés: 12 % anual (aunque creo que me dijo 1 % mensual)
Cantidad de tiempo: 15 años.
Pago mensual: 1.200
Pagos TOTALES: **216.031**
Intereses pagados: 116.031

Le mostré mis cálculos y le dije: «En 15 años alguien perdió una casa en esta historia. Tú pediste 100.000 dólares, pero vas a terminar pagando 216.000. Alguien se *descapitalizó* una casa (y alguien se *capitalizó* una casa). ¿Ves por qué los bancos son tan ricos?».

La riqueza de un país no se encuentra en los bancos o las financieras. La riqueza de un país se encuentra en su gente. Y si nosotros, cada quince años, permitimos que las familias de nuestro continente pierdan una casa, no nos debemos preguntar por qué no salimos de la pobreza.

Así que le recomendé al joven amigo algo que yo no puedo hacer viviendo donde vivo, en Estados Unidos. Le dije: «Si yo estuviera en tu lugar, lo que haría sería pedirles permiso a mis padres o a los futuros suegros para vivir con ellos por un tiempo (quizás de dos a cuatro años). Luego, comenzaría a juntar algo de dinero con mi trabajo y entre mis parientes y me compraría un terrenito. Cada mes, con esos 1.200 que tienes para pagar la hipoteca, yo compraría ladrillos, cemento, arena, varillas y comenzaría a construir la casita de mis sueños».

»En cuanto tuviera un dormitorio, la cocina y el baño terminados, me mudaría y comenzaría a vivir dentro de la nueva casa. Eso te llevará a tratar de ahorrar y terminarla lo antes posible. Claro, te tomará siete o diez años terminarla, pero, a partir de ese momento, cada mes vas a tener disponibles 1.200 dólares para comprar otro terrenito y construir otra casa (o construir algo en el fondo de la tuya). De esa manera, en vez de *perder* una casa, la vas a ganar».

Eso es lo que hicieron nuestros padres y abuelos. Es lo que permitió que, a pesar de ganar poco, pudiesen tener su casita propia y algo de dinero cuando llegaron a su edad madura.

Hemos sido creados para vivir en libertad. ¡Abrázala!

Si los próceres que dieron sus vidas para que nuestros países fueran libres e independientes se levantaran de entre los muertos y nos vieran esclavos de los bancos, las financieras y los prestamistas, ¡se volverían a morir! Esa gente derramó sangre, sudor y lágrimas para que fuésemos libres. ¿Por qué ahora nos vamos a hacer esclavos?

Muchas veces, la apertura del crédito entre nuestra población se ve como un acto bueno y positivo (y estoy seguro de que lo es cuando uno habla del mundo de los negocios o las inversiones). Sin embargo, el crecimiento de la oferta de créditos para bienes de consumo y el impulso de las deudas sin garantías es «polvo de cocaína» que hace disparar el movimiento económico por un tiempo, pero termina destrozando la vida del que la usa.

Me produce una profunda tristeza que miembros de nuestros Gobiernos latinoamericanos hayan caído en la falsa creencia de que ese tipo de crédito hace crecer la economía nacional. Singapur ha salido de la pobreza más absoluta para llegar a lo más alto de los países desarrollados sin el nivel de créditos al descubierto que ha caracterizado a Estados Unidos y algunos países de Europa.

Debes salirte del sistema. Vive en libertad. Libre de deudas y libre de las cosas. Debes ser dueño de las cosas y no permitir que las cosas se adueñen de ti. Si tienes muchos «juguetes», luego los vas a tener que cuidar. Entre la gente más rica del mundo hay una tendencia a llevar una vida sencilla y en paz. Mira cómo vestía Steve Jobs, por ejemplo.

Ama la libertad. Guárdala en tu corazón.

Libérate de las deudas

Desde hace muchos años, nuestra organización promueve la sanidad financiera entre las parejas de nuestro continente. El equipo de personas con el que trabajo ha ayudado a personas endeudadas a salir de deudas desde tres mil hasta tres millones de dólares. Permíteme compartir contigo un material que escribí en un libro llamado *Cómo vivir bien cuando las cosas van mal* y que, al mismo tiempo, forma parte de nuestras enseñanzas desde los años noventa:

Recuerdo cuando nos tomamos un cafecito con mi amigo Carlos, en Guatemala, y me confesó que tenía casi 900.000 dólares de compromisos por pagar, o a la pareja de empresarios mexicanos que viven en Ciudad Juárez (y que ahora son de bendición a las naciones), a quienes ayudamos a salir de más de un millón.

Hace poco, me encontré con un médico paraguayo que me contó con alegría cómo, al tomar uno de nuestros cursos de finanzas, se sanó de deudas que se elevaban a decenas de miles de dólares. También un empresario de Matamoros, México, hace un par de navidades me llamó para avisarme de que había salido de más de dos millones y medio de deudas personales y empresariales.

El camino para salir de las deudas es siempre el mismo:

- Tomar control del dinero.
- Incrementar ingresos.
- Reducir los gastos.
- Hacer sacrificios.

- Crear un dinerito «extra» que podamos invertir en el pago de las deudas.
- Hacer un plan.
- Obedecerlo a muerte.

Si integras en tu vida los principios y los valores que te enseñé en este libro y sigues estos consejos, podrás organizarte en lo personal y posicionarte con tus acreedores de tal manera que te será mucho más fácil salir de las deudas que te acosan.

Mi esposa y yo lo hicimos a principios de la década de 1990 y tú también lo puedes hacer hoy. Aquí van, entonces, algunas sugerencias prácticas para salir del pozo (aunque no sea demasiado profundo):

1. **Practica la sinceridad y la transparencia, y mantén la comunicación abierta**

Necesitas mantener una comunicación sincera y abierta con tus acreedores. No mientas. Sé sincero. No ensucies tu nombre y tu reputación por dinero. Pregúntate: «¿Cuánto vale mi honor? ¿Un millón de dólares? ¿Dos?».

Recuerda que todos los acreedores del mundo tienen algo en común: Quieren cobrar sus préstamos. Trata a los demás como quisieras que te trataran a ti.

Si uno de tus deudores estuviera en problemas para pagarte el dinero que con tanto esfuerzo ganaste e invertiste en prestarle, ¿no quisieras que te dijera toda la verdad y te diera una idea clara y sincera de su capacidad de pago? Haz tú lo mismo.

2. Evalúa tu situación con las deudas

Escribe en la planilla que te preparé en la siguiente hoja, o en una hoja aparte, todos los datos correspondientes a tus deudas. Divide tus deudas en dos grandes grupos: el primero con las deudas mayores y el segundo con las deudas menores. Agrupa tus deudas según la cantidad total que debes. Sepáralas en esos dos grupos (si los tienes). Por último, dentro de cada grupo ordena tus deudas en función de los intereses que estás pagando. De mayor a menor cantidad de intereses.

He aquí un ejemplo: imagínate que tienes 118.220 dólares de deudas, incluyendo la hipoteca de la casa.

- **Primero: en una hoja aparte, agrupa las deudas según las cantidades.**

NOMBRE DE LA DEUDA	CONTACTO Y NÚMERO DE TELÉFONO	CANTIDAD QUE DEBO AÚN	CUOTA O PAGO MENSUAL	INTERESES QUE ME COBRAN	NOTAS
Casa	Banco Dolor 998-8776	$98.000	$700	8,25%	
Auto	Banco Auto 234-5678	$12.800	$324	9,50%	
Tarjeta	Máster-Tuyo 123-4567	$3.570	$125	18,50%	
Tarjeta	Carta-Negra 887-7655	$2.200	$80	23,50%	
Préstamo de papá		$650	$25		Pagamos de interés solo lo que haya de inflación
Televisión / Sonido	Barato y Fiado 456-7890	$560	$20	16,00%	
Clínica	Matasanos, Inc. 112-2334	$440	$20	12,00%	

- **Segundo: ordena en la planilla tus deudas según los intereses dentro de cada grupo.**

NOMBRE DE LA DEUDA	CONTACTO Y NÚMERO DE TELÉFONO	CANTIDAD QUE DEBO AÚN	CUOTA O PAGO MENSUAL	INTERESES QUE ME COBRAN	NOTAS
Tarjeta	Carta-Negra 887-7655	$2.200	$80	23,50%	
Tarjeta	Máster-Tuyo 123-4567	$3.570	$125	18,50%	
Auto	Banco Auto 234-5678	$12.800	$324	9,50%	
Casa	Banco Dolor 998-8776	$98.000	$700	8,25%	
Televisión / Sonido	Barato y Fiado 456-7890	$560	$20	16,00%	
Clínica	Matasanos, Inc. 112-2334	$440	$20	12,00%	
Préstamo de papá		$650	$25		Pagamos de interés solo lo que haya de inflación

- **Tercero: ahora es tu turno, así que usa una hoja aparte para el primer paso.**

NOMBRE DE LA DEUDA	CONTACTO Y NÚMERO DE TELÉFONO	CANTIDAD QUE DEBO AÚN	CUOTA O PAGO MENSUAL	INTERESES QUE ME COBRAN	NOTAS

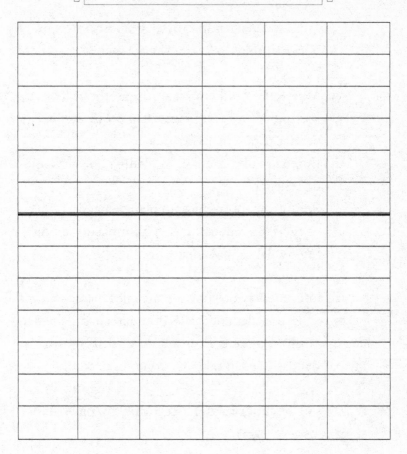

3. Paga un poco a cada acreedor

Si por alguna razón no puedes pagar ni siquiera el mínimo, escríbeles una carta a tus acreedores y proponles un plan de pago.

a. Asegúrales que eres una persona de palabra y que quieres pagarles todo lo que les debes (aunque te tome el resto de la vida).

b. Muéstrales tu «Plan de Control de Gastos», con tus entradas y tus salidas, así como los cambios que estás haciendo con el propósito de que te quede dinero extra a fin de poder pagar las deudas.

c. Muéstrales también en un papel todos los activos que tienes (casa, auto, cosas que se puedan vender para saldar la deuda).

d. Enséñales una copia de la planilla que acabamos de rellenar.

e. Por último, proponles un plan de pagos, trata de negociar la reducción o la eliminación de intereses y del capital adeudado.

Te sorprenderás del tipo de arreglos a los que dos personas (la una deudora y la otra acreedora) pueden llegar si ambas quieren encontrar de verdad la forma en que las deudas queden saldadas como es debido.

4. Usa el excedente del presupuesto para hacer pagos «extras»

Ahora que tienes un presupuesto y sabes cuánto dinero extra te puede quedar a fin de mes, concéntrate en pagar primero las deudas más chicas. Sé que muchos asesores aconsejarán concentrarse en las de mayor interés primero. En nuestro ejemplo, sería concentrarse en pagar la tarjeta «Carta-Negra» (23,50%).

Sin embargo, a mí me gusta recomendarles a mis amigos que empiecen a concentrarse en pagar primero las deudas que están en el grupo de deudas menores. ¿La razón? Cuando uno termina de pagar su primera deuda, eso genera un impacto psicológico positivo.

Uno puede ver la luz al final del túnel. Además, te va a animar a seguir adelante. Mientras que, si el pago de mayor interés también tiene una gran cantidad de deuda, puede que te desanimes en el camino.

Entonces, en nuestro caso, supongamos que te queden alrededor de 50 dólares «extra» cada mes, aparte del dinero para pagar como mínimo por los intereses de las tarjetas de crédito. Mi sugerencia es que uno debería concentrarse en la deuda de «Televisión/Sonido» y, en vez de pagar 20, sumarle los 50 y pagar 70.

Vamos a suponer, también, que estás pagando cada mes todos los intereses de las tarjetas de crédito y solo estamos trabajando con el capital que les debes (eso va a hacer nuestros cálculos mucho más fáciles). A los efectos de esta demostración, en realidad, no creo que sea determinante...

Entonces, ¿cómo se verían esos pagos?

DEUDAS	MESES								
	1	2	3	4	5	6	7	8	9
Carta-Negra	80	80	80	80	80	80	80	80	
Máster-Tuyo	125	125	125	125	125	125	125	125	
Banco Auto	324	324	324	324	324	324	324	324	
Banco Dolor	700	700	700	700	700	700	700	700	
Barato y fiado	70	70	70	70	70	70	70	**70**	
Matasanos	20	20	20	20	20	20	20	20	
Préstamo de papá	25	25	25	25	25	25	25	25	
TOTAL	1.344	1.344	1.344	1.344	1.344	1.344	1.344	1.344	

** Los pagos marcados con asteriscos indican el último pago.

5. Comienza el efecto «bola de nieve»

Cuando termines de pagar tu primera deuda, no toques ese dinero que ahora te queda «libre». En su lugar, aplica ese pago que ya no debes hacer a «Televisión/Sonido» a la segunda deuda que vas a liquidar: «Clínica Matasanos, Inc».

De esa manera, ahora suma a los 20 dólares que estabas pagando los 70 que ya no pagas a «Televisión/Sonido», y empieza a pagar 90. Cuando termines con «Clínica Matasanos», tomarás todo ese dinero (90 dólares) y lo sumarás al dinero que estás pagando en la siguiente deuda que quieres eliminar: «Préstamo de papá». Luego, cuando termines con «Préstamo de papá», te mueves al grupo de las «deudas mayores» y *empiezas con el interés más alto*.

¿Te vas dando cuenta de cómo tus pagos comienzan a acelerarse enseguida? Es como una bola de nieve. Comienza pequeñita, pero con el correr del tiempo aumenta de manera increíble su tamaño porque va «absorbiendo» los pagos anteriores.

Entonces, continuamos con los pagos a partir del mes número 9:

MESES

DEUDAS	9	10	11	12	13	14	15	16	17
Carta-Negra	80	80	80	80	80	80	155	195	195
Máster-Tuyo	125	125	125	125	125	125	125	125	125
Banco Auto	324	324	324	324	324	324	324	324	324
Banco Dolor	700	700	700	700	700	700	700	700	700
Barato y fiado	Pagado	Pagado	Pagado	Pagado	Pagado	Pagado	Pagado	Pagado	Pagado
Matasanos	90	90	90	**10**	Pagado	Pagado	Pagado	Pagado	Pagado
Préstamo de papá	25	25	25	105	115	115	**40**	Pagado	Pagado
TOTAL	1.344	1.344	1.344	1.344	1.344	1.344	1.344	1.344	1.344

6. Continúa la implementación del plan con fidelidad

En el mes 12, pagamos los 10 dólares que nos quedaban de la clínica y sumamos los otros 80 a la cantidad que estábamos pagando para el «Préstamo de papá». En el mes 15, hicimos lo mismo con el «Préstamo de papá»: pagamos los 40 que nos quedaban y sumamos los otros 75 al pago de la tarjeta «Carta-Negra».

¿Qué pasa, entonces, en los próximos nueve meses, a partir del mes 18?

Al final de un poco más de dos años de trabajo, perseverancia y dominio propio, por fin redujimos nuestras deudas a las dos de mayor tamaño: el auto y la casa. En menos de diez meses más (justo al final de los tres años de planificación), seremos libres de todas las deudas, excepto la de la casa. Redujimos deudas por valor de 118.220 dólares a un poco menos de 73.000, quedándonos solo con la hipoteca de la casa. Y, si continuamos pagando a este ritmo, ¡pagaremos la hipoteca de la casa en solo seis años más!

MESES

DEUDAS	18	19	20	21	22	23	24	25	26
Carta-Negra	195	195	195	*145*	Pagado	Pagado	Pagado	Pagado	Pagado
Máster-Tuyo	125	125	125	175	320	320	*255*	Pagado	Pagado
Banco Auto	324	324	324	324	324	324	389	644	644
Banco Dolor	700	700	700	700	700	700	700	700	700
Barato y Fiado	Pagado	Pagado	Pagado	Pagado	Pagado	Pagado	Pagado	Pagado	Pagado
Matasanos	Pagado	Pagado	Pagado	Pagado	Pagado	Pagado	Pagado	Pagado	Pagado
Préstamo de papá	Pagado	Pagado	Pagado	Pagado	Pagado	Pagado	Pagado	Pagado	Pagado
TOTAL	1.344	1.344	1.344	1.344	1.344	1.344	1.344	1.344	1.344

7. Comprométete a vivir una vida libre de deudas

No es fácil vivir una vida sin deudas en una sociedad latinoamericana que marcha hacia la integración económica y hacia el crecimiento económico a través de la promoción del consumo de bienes y servicios.

Por otra parte, también sentimos la presión de que ahora, gracias a que tenemos la posibilidad de pagar las cosas a crédito, podemos obtener artículos que nos hubiera llevado *años* conseguir en el pasado.

Resiste. Salta del sistema.

Aprende a vivir feliz con lo que tienes. Aprende a equilibrar tu vida. Abraza las cosas que son importantes en la vida. Piensa diferente. Disfruta de lo que tienes.

Recuerda: la vida de las personas no consiste en la abundancia de bienes que poseen. Escucha las palabras del sabio Salomón. Lee las palabras del hombre más rico del mundo. Aprende por la cabeza:

El que ama el dinero, siempre quiere más; el que ama las riquezas, nunca cree tener bastante. Esto es también vana ilusión, porque mientras más se tiene, más se gasta. ¿Y qué se gana con tener, aparte de contemplar lo que se tiene? El que trabaja, coma poco o mucho, siempre duerme a gusto; al rico, en cambio, sus riquezas no lo dejan dormir.

Una cosa realmente lamentable he visto en este mundo: que el amontonar riquezas va en perjuicio

de su dueño, pues un mal negocio puede acabar con
toda esa riqueza, y si él tiene un hijo, ya no tendrá
después nada que dejarle. Y tal como vino a este
mundo, así se irá: tan desnudo como cuando nació,
y sin llevarse nada del fruto de su trabajo. Esto es
realmente lamentable: que tal como vino al mundo,
así también se irá. ¿Y qué sacó de tanto trabajar para
nada? Para colmo, toda su vida se la pasó en tinieblas,
y con muchas molestias, dolores y resentimientos.

He encontrado que lo mejor y más agradable
es comer y beber, y disfrutar del fruto de tanto
trabajar en este mundo durante la corta vida que
Dios nos da, pues eso es lo que nos ha tocado.[5]

Aprende a disfrutar de las cosas que tienes y no dejes
que las cosas te tengan a ti.

CULTIVA la GENEROSIDAD

Hay gente desprendida que recibe más de lo que da,
y gente tacaña que acaba en la pobreza.
El que es generoso, prospera;
el que da, también recibe.[1]
—Salomón.

Otras muestras de la sabiduría salomónica:

Al que ayuda al pobre, nada le faltará;
pero al que le niega su ayuda, mucho se le maldecirá.[2]
Un préstamo al pobre es un préstamo al Señor,
y el Señor mismo pagará la deuda.[3]

El que no atiende a los ruegos del pobre
tampoco obtendrá respuesta cuando pida ayuda.[4]

ME PARECE INCREÍBLE QUE EL SABIO SALOMÓN
hubiese tenido la claridad de mente de expresar, hace tres
mil años, uno de los conceptos más profundos en el área de
la prosperidad integral: dar es mejor que recibir. Cuando
damos, no tenemos menos. Al contrario. Nos sentimos
mucho más satisfechos al ver cómo nuestros recursos pueden ser usados para mejorar la vida de los demás.

A eso se debe que el mundo occidental haya generado
una innumerable cantidad de organizaciones de beneficen-
cia que nos han impactado socialmente a través de los siglos.
Podríamos mencionar hospitales, escuelas, orfanatos, hogares de niños, leproserías, incubadoras de negocios (como
Micro-MBA en Sudáfrica) y universidades como las de
Cambridge, Oxford, Yale, Harvard, Loyola o Princeton.

También podríamos mencionar organizaciones internacionales como la Cruz Roja, Cáritas, el Ejército de Salvación, Auxilio Mundial, Visión Mundial (World Vision)
y Habitat for Humanity (la empresa constructora de casas
más grande del mundo, que provee vivienda digna a la
gente de bajos recursos). No seguiré mencionando nombres porque hay tantas y tan buenas organizaciones en
Occidente nacidas de nuestras raíces religiosas y cristia-
nas que no puedo recordarlas todas y me voy a meter en
problemas.

Creo que es importantísimo que aprendamos a compartir de nuestras bendiciones. Si no lo hacemos, morimos un poco como personas. Hemos sido diseñados para

compartir lo poco o lo mucho que tengamos; las alegrías y las tristezas. El egoísmo o la avaricia no nos caen muy bien al espíritu.

Esa es una de las razones, por ejemplo, por las que el mar Muerto está, literalmente, muerto. El mar Muerto se encuentra a 398 metros por debajo del nivel del Mediterráneo y el río Jordán le entrega más de 6 millones de metros cúbicos de agua por día. Sin embargo, el mar Muerto tiene un problema: solamente recibe agua, nunca la da. El agua, entonces, se estanca y, con la evaporación que produce el sol del desierto, la concentración de sal aumenta.

La concentración normal de sal en el océano es del 2-3 %, mientras que en el mar Muerto es de 24-26 %, a lo que hay que añadir la concentración de magnesio y calcio. No hay vida que aguante ese potaje químico.

El mar Muerto, con sus 1.000 kilómetros cuadrados de superficie, es grande, rico en minerales, y es, probablemente, el mar más conocido del mundo. Sin embargo, ha perdido la vida. Está vacío en su interior.

El mar de Galilea, por otra parte, a pesar de ser mucho más pequeño que el Muerto, ha estado proveyendo alimento y agua por miles de años a los pueblos que se han asentado a su alrededor. Es un mar lleno de vida y vigor. Trae alegría a la gente que lo visita. La diferencia está en que el mar de Galilea recibe agua de varias fuentes, pero también la da. Ese fluir lo mantiene fresco y vibrante.

La comparación entre el mar de Galilea y el mar Muerto nos enseña, por tanto, que el dar, luego de recibir, es un proceso vital para permitir mantener la frescura de nuestro corazón.

Trescientos años antes de nuestra era, Aristóteles dijo: «En los lugares donde alguna gente es extremadamente rica y otros no tienen nada, el resultado será una democracia extrema o una absoluta oligarquía. El despotismo vendrá de cualquiera de esos dos excesos».[5]

El amor al prójimo, la ternura y la compasión nos permiten equilibrar las diferencias y ayudar al necesitado en sus carencias para lograr una mejor sociedad en cada uno de nuestros países. No por obligación ni por lástima, sino por compasión.

Yo estoy convencido de que muchos de los problemas sociales, de injusticia y de pobreza que vivimos en nuestro continente son, justamente, el resultado de no amarnos unos a otros ni sentir verdadera compasión por los necesitados. Nos falta filantropía, y eso, creo, tiene que ver con que confiamos demasiado en nuestros Gobiernos para que resuelvan los problemas sociales que tenemos en vez de entender que *nosotros* estamos en una posición mucho mejor para resolver esos problemas.

El fuerte énfasis «familista» de nuestra cultura (un concepto que explica Francis Fukuyama en su libro *Trust*), nos hace considerar «familia» solo a aquellos con los que estamos unidos por vínculos de sangre, y dejar fuera al resto de personas que viven en el país. Esa actitud nos lleva a defender y buscar los intereses de la familia «a muerte», muchas veces a costa de defraudar a los demás ciudadanos del país.

Por otro lado, cuando hablamos de ayudar a los pobres, debemos hacer una diferencia entre compasión y lástima.

La lástima me coloca en una postura superior a mi prójimo. Por lástima yo doy una limosna. Sin embargo, la compasión me coloca *junto* a mi prójimo. Por compasión estoy dispuesto a dar mi vida en pos de un ideal.

«Compasión» es una palabra compuesta, con-pasión, y significa «tener la misma pasión con», «tener el mismo sufrimiento que» o «sufrir con». La compasión es la capacidad de sentir el mismo sufrimiento que siente la persona que tenemos al lado; es tener empatía, la capacidad de ponernos en la piel de nuestro prójimo.

Alexandr Solzhenitsyn, el gran poeta y defensor de los derechos humanos en Rusia, dijo cuando le entregaron el premio Nobel de Literatura en 1970: «La salvación del hombre se encuentra solamente en llegar a hacer que *todo* les importe a *todos*».[6] El problema de nuestros días es que a todos no hay mucho que nos importe.

Lo opuesto al amor no es el odio. El odio es un sentimiento, el amor es una decisión.

«Lo opuesto al amor es la indiferencia», como acuñó la frase Elie Wiesel en 1986.

El efecto del amor en acción

Para demostrar amor y compasión hacia los demás, no necesitas gastar fortunas. Solo tienes que estar dispuesto a ponerte en la piel de la persona que tienes al lado y extenderle una mano amiga en el momento de necesidad.

Uno no necesita convertirse en el doctor Livingstone ni en Judson Taylor, entregando vida y fortuna para viajar por África o Asia. No hay necesidad de viajar a la India para unirse al trabajo con los leprosos que estuvo haciendo la madre Teresa en Calcuta.

Solo hace falta desarrollar sensibilidad interna hacia el dolor ajeno. El problema es que, en medio de tanto dolor, a veces nos volvemos insensibles.

Recuerdo luchar con esa situación de insensibilidad frente al dolor cuando mi esposa y yo vivíamos en la ciudad de Chicago y ayudábamos a gente que hablaba español en un barrio que, en 1995, tuvo cientos de crímenes violentos. Era difícil sentir el dolor ajeno en medio de tanta tragedia. Pero es precisamente en respuesta a lo vivido durante los once años que pasamos en ese barrio de la «ciudad de los vientos» por lo que hemos entregado nuestras vidas para ayudar a gente como tú a vivir económicamente mejor.

Uno nunca sabe a dónde lo va a llevar aquello que lo apasiona profundamente. Puede que lo lleve a cambiar la vida de un familiar o de un vecino. ¡Y puede que lo lleve a cambiar el mundo!

Motivado por la pasión que sentía por su pueblo de raza afroamericana, un desconocido ministro protestante como Martin Luther King se convirtió en el símbolo de los derechos humanos en Estados Unidos. Lo mismo le ocurrió a Nelson Mandela en Sudáfrica, quien pasó de ser un prisionero con más de veinte años de reclusión en las cárceles sudafricanas a convertirse en el presidente de su país y liderar a su nación en una transición pacífica del *apartheid* a la democracia.

¿Y qué decir de gente como Mahatma Gandhi, en la India; Pérez Esquivel en la Argentina; William Wilberforce en Inglaterra y tantos otros hombres y mujeres como tú y como yo que se envolvieron en la bandera de la compasión para cambiar la situación de sus conciudadanos? ¿Quién sabe lo que tú puedes llegar a hacer en respuesta a una situación de injusticia que tengas delante?

Sea que la compasión te lleve a ayudar a una persona o a un pueblo entero, lo importante es desarrollar esa sensibilidad interior que te permitirá enriquecer tu carácter. Recuerda que la prosperidad financiera no significa nada si no va acompañada de la profunda satisfacción interior de estar marcando una diferencia en la vida de alguien que nos rodea.

Algunas ideas para expresar tu generosidad:

1. Regálale algún cumplido a alguien. Sé cortés y amable.

2. Diseña un «cupón» de Cuidado de Niños Gratis y regálaselo a amigos que tengan niños pequeños para darles un respiro de vez en cuando.

3. Regálale un «Curso Compass» de Cultura Financiera a alguna pareja joven.

4. Abre tu clóset (ropero) y selecciona la ropa que no has usado en el último año. Regálala.

5. Vete a un restaurante de comida rápida y cómprale una comida a alguien.

6. Toma el 10 % de tus entradas cada mes y llévalas a tu comunidad de fe.

7. Abre una cuenta de ahorros y coloca allí entre el 5 y el 10 % de las ganancias de tu negocio al final de cada año. Ese es tu «Fondo de Generosidad» para marcar una diferencia en el mundo.

8. Permite que alguna organización sin fines de lucro use un sector de tus oficinas. Comparte con ellos la infraestructura de tu negocio (Internet, fotocopiadoras, etc.).

9. Dedica tiempo a visitar un orfanato o un hospital y llevar regalos a los niños.

10. Invierte tiempo y dinero en un comedor infantil.

11. Anima a tus amigos a preparar cajas de regalos y llévenlas a barrios pobres de la ciudad en Navidad.

12. Ofrece tus servicios profesionales gratuitamente a organizaciones sin fines de lucro. Forma parte de sus juntas directivas. Da de tu sabiduría y conocimientos.

Permíteme terminar este capítulo adaptando a este libro una historia que cuento regularmente por el mundo cuando hablo del tema de la generosidad.

Un mendigo estaba pidiendo dinero al costado del camino cuando pasó a su lado nuestro famoso amigo de Oriente Medio, Suleimán I. El sabio rey del Imperio de Israel lo miró y, con un gesto bondadoso, le dio unas cuantas monedas de oro.

Uno de los escoltas que cabalgaba a su lado, sorprendido por la generosidad de Suleimán, le dijo:

—Mi señor, algunas monedas de cobre podrían haber satisfecho adecuadamente la necesidad de este mendigo. ¿Por qué darle oro?

El hombre más rico del mundo miró a su acompañante y le contestó con una sonrisa y mucha sabiduría:

—Unas monedas de cobre podrían haber satisfecho la necesidad del mendigo; pero las monedas de oro satisfacen la generosidad de Suleimán.[7]

Aprendamos a dar en un nivel económico que no solamente satisfaga las necesidades físicas de los demás, sino que, por encima de todo, satisfaga la generosidad y la integridad de nuestro corazón.

BUSCA el CONSEJO

Sólo un necio confía en sus propias ideas.[1]
Cuando no hay consulta, los planes fracasan;
el éxito depende de los muchos consejeros.[2]
Si no hay buen gobierno, la nación fracasa;
el triunfo depende de los muchos consejeros.[3]
—*Salomón*.

Cuenta la historia que un joven un tanto pedante llegó a ver al sabio Sócrates. Cuando el sabio le preguntó qué deseaba, el joven le dijo:

—Oh gran Sócrates, he venido en busca de su sabiduría y conocimiento. Deseo ser sabio como usted.

Sócrates, que podía oler el orgullo a un kilómetro de distancia, tomó al joven de la mano, lo guio por las calles de Atenas, bajó a la playa y lo metió en el mar. Una vez en el mar, lo guio hacia adentro hasta que el agua le llegó al cuello. Entonces le preguntó:

—¿Qué es lo que deseas?

—¡Sabiduría, gran Sócrates! —contestó el joven con una sonrisa capciosa.

El sabio lo tomó de los pelos y lo hundió en el agua por unos segundos. Luego, lo sacó y le preguntó de nuevo:

—¿Qué es lo que deseas?

—¡Conocimiento! —gritó el joven mientras tosía y escupía el agua que tenía en la boca.

Sócrates nuevamente lo tomó con fuerza de la cabeza y lo hundió en el mar mientras lo sostenía debajo del agua por un tiempo mucho más largo. Una vez más, lo levantó del agua y le preguntó:

—¿Qué me dijiste que era lo que deseabas?

—¡Sabiduría, oh gran Socra…!» —comenzó a decir, y abajo se fue de nuevo empujado por las musculosas manos del sabio griego.

Casi un minuto después, el famoso filósofo permitió al joven que ahora luchaba por su vida salir de debajo del agua mientras le preguntaba una vez más:

—¿Qué es lo que deseas?

—¡Aire! —gritó desesperado el joven discípulo—. ¡Aire… necesito aire!

Sócrates lo tomó de sus hombros, lo miró fijamente a los ojos y le dijo:

—Cuando desees el conocimiento con la misma intensidad con la que deseas el aire, comenzarás a caminar por la senda de la sabiduría.

Y, habiéndole dicho eso, lo dejó en la playa y se volvió a su hogar.[4]

LA SABIDURÍA ES EL PREMIO QUE TÚ RECIBES POR haberte pasado la vida escuchando cuando en realidad te hubiese gustado hablar.

Nadie llega solo al éxito. Todos necesitamos la ayuda y orientación de los demás. Hay un dicho popular que dice: «Una persona sabia aprende de los errores ajenos, porque nadie tiene suficiente vida como para poder cometer todos los errores uno mismo».

Otro dicho reza así: «La persona sabia aprende de los errores ajenos. La persona normal aprende de los errores propios. Pero el tonto nunca aprende de nadie».

El hombre más rico del mundo nos dice que para ser exitosos en la vida necesitamos buscar el sabio consejo de otros. Pero eso requiere de ciertas actitudes por parte nuestra:

1. **Un corazón humilde**

Ser humilde no significa ser necio ni débil. Ser humilde significa reconocer con sinceridad que uno no lo sabe todo y que siempre hay cosas que uno puede aprender de los demás. Significa aceptar que uno puede cometer errores y que otras personas nos pueden ayudar a mejorar nuestro producto o servicio.

Salomón nos dice: «El necio cree que todo lo que hace está bien, pero el sabio atiende los consejos».[5] Y añade también: «... los necios desprecian la sabiduría y la instrucción».[6]

Cada vez que leo alguno de estos antiguos proverbios que nos han llegado tras casi tres mil años de historia, me sorprende ver cómo el corazón de las personas es el mismo a través del tiempo y las culturas. Cuanto más viajo (y llevo recorridos más de tres millones de kilómetros), más me doy cuenta de que la gente de mayor éxito que conozco manifiesta una sincera humildad de corazón, y los tontos más tontos se ven increíblemente reflejados en estos dichos salomónicos.

2. Una mente abierta

La segunda actitud importante para colocarnos en una posición en la que podemos recibir el buen consejo que nos llevará al éxito es tener una mente abierta a nuevas ideas y paradigmas.

En marzo del 2014, Mark Rogowski escribió un artículo en la revista *Forbes* que ilustra la apertura de mente que se requiere para ser exitoso.[7] Dice el señor Rogowski que, cuando salió al mercado el iPhone, Steve Jobs estaba orgulloso de que el teléfono no permitiera el desarrollo de aplicaciones *nativas*. Las *apps* debían construirse dentro del buscador de Internet de Apple.

Esa decisión hubiese destruido indefectiblemente el mercado del iPhone y entregado todos sus clientes a la competencia.

Sin embargo, cuando Art Levingston —un miembro de su Junta Directiva— lo llamó para aconsejarle que la construcción de aplicaciones debía hacerse en el *software* nativo del iPhone, Steve Jobs lo escuchó. Meses después, en octubre del 2007, Jobs anunció que, a pesar de que su cambio de decisión causaría serios problemas de seguridad para el nuevo teléfono, buscarían la manera de crear una herramienta que permitiera el uso de aplicaciones nativas en el nuevo teléfono.

Entre julio del 2008 y abril del 2009, los usuarios emplearon ese sistema 1.000 millones de veces y, cinco años después, lo habían hecho ¡74.000 millones de veces! Un éxito total.

Puede que seamos el Steve Jobs de nuestra industria o mercado. Sin embargo, deberíamos aprender de la apertura de mente del genio de las computadoras: construir aplicaciones nativas representaba serios desafíos de seguridad. A pesar de eso, en vez de negar el acceso a aplicaciones nativas, Jobs estuvo dispuesto a escuchar un consejo que iba diametralmente en contra de sus convicciones empresariales.

Steve Jobs pensó «fuera del cuadradito» e invirtió tiempo y esfuerzo en sobreponerse al desafío en vez de encerrarse en sus convicciones y decir simplemente: «No podemos hacer eso porque nos crea problemas de seguridad».

Esa actitud le ha traído increíbles fuentes de ingresos a Apple. Rogowski nos invita a considerar, por ejemplo, que para el 2014 (seis años después de lanzarse al mercado), ¡Apple Store estaba produciendo más ganancias que Facebook!

Vive con una mente abierta…

3. Un ojo entrenado

La tercera actitud importante para la recepción de buen consejo es tener un ojo entrenado con el fin de reclutar una variedad de perfiles de personalidad en nuestro equipo de consejeros. El sabio Salomón decía: «Cuando no hay consulta, los planes fracasan; el éxito depende de los muchos consejeros»,[8] y esa es una gran verdad.

Es importante, por un lado, contar con el consejo de los buenos amigos: nuestro cónyuge, nuestros padres, nuestra familia extendida y la gente que mejor sabe cómo somos. Ellos nos conocen mejor que nadie y nos aman incondicionalmente. Nos dirán la verdad porque quieren lo mejor para nosotros. Salomón decía:

Para alegrar el corazón, buenos perfumes;
para endulzar el alma, un consejo de amigos.[9]

Por otro lado, también es importante contar con el consejo de personas que no son nuestros amigos y que, en realidad, pueden llegar a ser bastante diferentes de nosotros.

El doctor David Kolb es profesor de comportamiento organizacional en la Case Western Reserve University y se doctoró en la Universidad de Harvard. Además de por su trabajo sobre el aprendizaje experiencial, el doctor Kolb también es conocido por su contribución al diálogo sobre el tema del comportamiento organizacional.

Recuerdo haber estudiado sus conceptos años atrás, cuando realizaba una licenciatura en el norte del estado de Illinois. De él aprendí que las personas encaran el tema del aprendizaje y resolución de problemas de diferentes maneras.[10] Eso los lleva a reaccionar y comportarse de maneras distintas frente a las dificultades.

Unos lo hacen observando la realidad, considerando experiencias ajenas y tomando ejemplos de otras personas a través de lo que se conoce como *observación reflectiva*.

Otros enfatizan la resolución de problemas a través de la investigación, de los estudios y las mediciones (lo que se conoce como *conceptualización abstracta*).

Unos terceros aprenden y resuelven llevando a cabo una conexión entre la teoría y la práctica, es decir, «hacen aterrizar» en la realidad la investigación que realizó el grupo anterior, creando principios operativos (a través de *la experimentación activa*).

Y, finalmente, algunos aprenden y solucionan problemas «poniendo las manos en la masa», teniendo *experiencias concretas*.

Yo clasificaría así a esas personas: observadores, investigadores, prácticos e impulsivos. Y cada uno de nosotros necesita toda esa variedad de personalidades en su equipo de consejeros.

Los observadores dirán: «¡Aquí hay un problema! No sé cuál es, pero tenemos un problema». El investigador dirá: «Hagamos un estudio, investiguemos este asunto más a fondo». El práctico tomará ese estudio y lo convertirá en una explicación clara de qué es lo que está pasando y qué deberíamos hacer para solucionarlo. Por último, el impulsivo es el único que se arremangará y saltará al foso de los leones para poner en acción todos los planes del resto del grupo.

La gente tiene diferentes maneras de aprender y de encarar problemas. Esas diferentes formas de hacerlo nos pueden beneficiar tremendamente en el momento de tomar decisiones económicas sabias. El problema es que *nos amamos demasiado...* y, por eso, siempre nos rodeamos de personas que son como nosotros.

Cuando estás en búsqueda de orientación, elige una variedad de consejeros, con diversas personalidades. Serán un tesoro incalculable para ti.

4. Un espíritu disciplinado

En algún lugar escuché que el propósito de la disciplina es hacer cosas que nunca quisimos hacer para lograr lo que siempre soñamos alcanzar.

La disciplina es un elemento esencial para el éxito económico y una marca clara del carácter maduro de una persona. Sin ella, es imposible hacer un plan para controlar gastos y llevarlo a cabo eficazmente. Sin disciplina, es imposible poner en práctica los secretos e ideas que estoy compartiendo contigo en este libro.

La derrota en esta área de nuestras vidas es la razón más común por la que organizaciones de ayuda financiera de Estados Unidos mantienen decenas de miles de consejeros ocupados durante todo el año. Se calcula que los norteamericanos de hoy en día gastan de promedio un dólar y diez centavos por cada dólar que ganan.

La falta de disciplina en el país del norte está provocando una cantidad asombrosa de quiebras, tanto personales como empresariales, la cantidad más grande en la historia del país.

Para entender la seriedad del problema que tenemos delante con respecto a la Disciplina, bastaría con observar el crecimiento de la industria dedicada al control y pérdida de peso, o la multiplicación de nuevos problemas de salud que son resultado de un comportamiento de riesgo, como la drogadicción, las enfermedades venéreas y el SIDA.

El famoso cantante Ricky Martin tiene una canción titulada ¿Qué día es hoy? *(Self-control)*, donde dice que no se aguanta no tener control de sus actos y su amor lo abandona.[11]

No me sorprende que su amor se haya marchado. ¡Yo también lo haría! Es imposible vivir en paz y en comunión con una persona que no tiene control de sus actos, que reacciona de esa manera frente a la adversidad y que ha dejado secar su «jardín de relaciones interpersonales».

Antes de pedirle una segunda oportunidad a su pareja (como esta canción lo hace más adelante), yo le recomendaría que primero hiciera algunos cambios en su vida interior.

Dice un proverbio chino: «Aquel que conoce a otros es sabio, aquel que se conoce a sí mismo es un iluminado. Aquel que conquista a los demás tiene poder físico; aquel que se conquista a sí mismo es verdaderamente fuerte».[12]

«A pesar de haber vencido a un millón de hombres en el campo de batalla —dicen los escritos del budismo—, en verdad, el conquistador más honorable es aquel que se ha conquistado a sí mismo».[13]

La disciplina es otra piedra fundamental en el edificio de la prosperidad integral que todos deseamos. Aprender a valorar la disciplina y lograr el dominio propio en el área de las finanzas son dos virtudes que están clavadas en el corazón de los secretos para lograr la prosperidad integral. Tenemos que aprender a decir «NO».

Sin embargo, tú harás lo que tu mente piensa, y tu mente piensa lo que tú le dices que debe pensar. Zig Ziglar —el famosísimo conferencista motivacional norteamericano— solía decir: «La persona más influyente con la que hablarás el resto del día de hoy **eres tú**».[14] Así que ¡ten cuidado con lo que te dices!

Hay una serie de frases del consumismo popular que se han metido en nuestro vocabulario de todos los días y que nos arruinan las posibilidades de salir adelante económicamente. Nos han reprogramado y se nota en nuestra cuenta de banco.

Aquí hay algunos ejemplos:

a. «Dese un gusto. ¡Usted se lo merece!».
b. «¿Qué le hace una mancha más al tigre?».
c. «Compre y ahorre».
d. «Compre ahora, pague después».
e. «Esta es una oferta especial que no se repetirá jamás en su vida».

f. «La última cuenta la paga el diablo».

g. «Usted necesita… (y aquí viene siempre el artículo que le quieren vender)».

h. «Vive el hoy».

i. «Lo importante es disfrutar el momento».

j. «¿Por qué esperar?».

Debes rebelarte contra esos mensajes tan dañinos para tu vida económica. Si te crees las farsas de aquellos que se quieren enriquecer a costa de tu trabajo, terminarás en la mediocridad. Pero, si vas a salir del nivel en el que te encuentras, solo lo podrás hacer, como decía Einstein, llevando a tu mente a un nuevo nivel de pensamiento, diferente al que te colocó en el lugar donde estás hoy.

La disciplina no solo se manifiesta en el dominio propio, también se manifiesta en la planificación. Cuando uno mira, por ejemplo, los proyectos de construcción salomónicos, se da cuenta inmediatamente de que había un alto nivel de planeación específica tanto por parte de su padre, David, como por parte del que se convertiría en el hombre más rico del mundo.

Salomón solía decir: «Los planes se afirman con un buen consejo; la guerra se hace con una buena estrategia».[15] A lo que agregaba: «Los planes bien meditados dan buen resultado; los que se hacen a la ligera causan la ruina».[16]

La disciplina no solo nos ayudará a realizar el Plan de Control de Gastos (como lo aprendimos anteriormente en este libro), sino que también nos llevará a ejecutar ese plan con excelencia. Se cuenta que el famoso general Patton, héroe de la Segunda Guerra Mundial, solía decir: «Un buen plan violentamente ejecutado ahora es mejor que un plan perfecto ejecutado la semana que viene».[17]

Cuando somos disciplinados, no solo planificamos bien, sino que ejecutamos nuestros planes con excelencia y eficacia. El secreto más importante no está en la planeación, sino en la ejecución. No dejamos para mañana lo que podemos hacer hoy.

Abraza la disciplina en tu vida: aprende a decir «no», planea bien y ejecuta mejor.

5. Una mentalidad inclusiva

La quinta actitud que debes tener al momento de buscar un buen consejo es la disposición a incluir a otros en el proceso de preparación y ejecución de tus planes. Debes estar dispuesto a recibir consejo y orientación hasta de la persona más inusual.

Recuerdo que una vez, en la universidad, hicimos un juego en el que armamos varios grupos y la historia del juego decía que cada uno de esos grupos habían tenido un accidente y su avioneta había caído en medio del desierto. Todos estábamos bien, pero el poblado más cercano estaba a muchos kilómetros de distancia.

Todos morimos, con excepción de un grupo. Mientras que todo el resto escuchamos los consejos de «expertos» y de gente que había vivido en zonas desérticas, ese grupo había escuchado el consejo de una persona mayor: ella dijo que no se movería del lugar del

accidente, porque, si trataba de caminar tantos kilómetros en el desierto, se moriría.

Esa era la respuesta correcta al problema: quedarse
en el lugar del accidente para poder ser encontrados
fácilmente por las patrullas de rescate. Todos los demás
decidimos caminar por el desierto hacia el poblado más
cercano ¡y morimos en el intento!

Debes tener una mentalidad inclusiva, que invite
hasta a las personas menos pensadas a sentirse incluidas
en el proceso de búsqueda de una solución. Tú nunca
sabes si esa es precisamente la idea que te salvará la
vida.

Nadie llega solo al éxito. Hay un proverbio africano
que dice algo así como:

Si quieres llegar rápido, ve solo;
si quieres llegar realmente lejos,
ve acompañado.

Vimos al comienzo de este capítulo que Salomón
creía que «Cuando no hay consulta, los planes fracasan;
el éxito depende de los muchos consejeros».[18] Es una
gran verdad. Incluye a otras personas en el proceso de
evaluación de los problemas y, sobre todo, en el proceso
de crear un plan para salir de ellos.

Las diferentes habilidades personales de cada uno de
tus consultores traerán a la mesa la ayuda que necesitas
para planificar mucho mejor.

Ten un carácter inclusivo.

6. Un alma dispuesta

Si no eres una persona religiosa, quizás no te interese este punto, pero, si lo eres, tal vez te guste saber que el hombre más rico del mundo también miraba hacia el Cielo en búsqueda de orientación y ayuda. Salomón tenía un alma dispuesta a reconocer que la sabiduría del Cielo es muy superior a la de la tierra, un alma dispuesta a buscar la voluntad de su Hacedor en todos los planes que hacía.

Aquí te comparto algunos de sus proverbios favoritos sobre la superioridad de la sabiduría divina y la importancia de buscar consejo de lo alto:

Ante el Señor no hay sabiduría que valga,
ni inteligencia ni buenas ideas.[19]

Este proverbio salomónico habla de la superioridad de la sabiduría del Creador. Sus caminos no son como nuestros caminos y sus pensamientos no son como nuestros pensamientos, como dice el profeta Isaías, y esa es una gran verdad. Si, con un corazón humilde, reconocemos que Dios sabe más que nosotros, quizás podemos también estar abiertos a recibir consejo de lo alto.

Salomón dice también:

Al hombre le toca hacer planes,
y al Señor dirigir sus pasos.[20]
Los planes son del hombre;
la palabra final la tiene el Señor.[21]

Esta es una idea muy popular en nuestro continente. En nuestros países diríamos: «El hombre propone y Dios dispone», ¿no?

Estos dichos hablan de que nosotros podemos hacer muchos planes, pero es importantísimo alinearnos con la voluntad del Altísimo para ser exitosos en la vida.

Yo creo que debe de haber una gran verdad detrás de todo esto. Nunca está mal descubrir la voluntad que viene del Cielo y alinear nuestras fuerzas con ella.

Salomón y los antiguos escritos hebreos tienen mucho que decir sobre su relación con Dios, pero este es un libro de finanzas, y no de teología. Así que les dejo la idea a los teólogos para que hagan el trabajo de explorar esa relación.

Por lo pronto, mi consejo es: ten un alma dispuesta para reconocer la sabiduría que viene de lo alto y alinear tus planes con ella.

Finalmente, quisiera contarte una historia sobre el valor que tienen para nosotros los consejeros. Esta tiene que ver con el conocido productor de automóviles Henry Ford, y el conocidísimo ingeniero eléctrico Charles Steinmetz.[22]

Cuenta la prestigiosa revista norteamericana *Smithsonian* que, en cierta ocasión, Henry Ford estaba teniendo serios problemas con un gigantesco generador eléctrico en su importantísima fábrica de River Rouge (en Dearborn, Michigan). Como sus propios ingenieros y expertos en sistemas eléctricos no podían resolver la situación, decidieron llamar al famosísimo científico Charles Steinmetz, amigo personal de Ford.

Cuando Steinmetz llegó a la fábrica, rehusó toda ayuda, pidió papel, lápiz y un catre. Después de dos días de escuchar el generador fallido, tomar notas y hacer cálculos matemáticos, pidió una escalera, subió a un determinado punto y, con una tiza, hizo un rectángulo en el costado del generador. Luego bajó y le dijo a los ingenieros que abrieran la cubierta y reemplazaran en ese punto dieciséis vueltas de alambre en el bobinado del generador. Los ingenieros hicieron el reemplazo y la máquina comenzó a funcionar a la perfección.

Cuando le avisaron a Ford, el famoso empresario se alegró muchísimo, hasta que recibió la factura de la General Electric por 10.000 dólares norteamericanos (¡equivalente a más de 122.000 de hoy!). Conmocionado, Ford reconoció el genio de su amigo, pero pidió que se le enviara una factura en la que se detallaran todos los gastos.

Charles Steinmetz contestó la petición personalmente. Le escribió a Ford el siguiente detalle de gastos:

- Por hacer un rectángulo con tiza: $ 1
- Por saber **dónde** hacer el rectángulo: $ 9,999

Ford pagó la factura.

A veces, el aporte más valioso que nos dan nuestros consejeros no se puede medir en pesos o dólares. El aporte de su consejo es invaluable.

TRABAJA
apasionadamente

¡Basta ya de dormir, perezoso!
¡Basta ya de estar acostado!
Mientras tú sueñas y cabeceas,
y te cruzas de brazos para dormir mejor,
la pobreza vendrá y te atacará
como un vagabundo armado.[1]
—Salomón.

HAY TRES CLASES DE TRABAJADORES EN EL mundo. Por ejemplo, cuando hace falta mover un piano, está el trabajador que se coloca detrás del piano y lo empuja; está el segundo trabajador, que se coloca delante del piano, lo levanta y lo guía; y está el tercer trabajador, ¡que solo lleva el asiento!

Indira Gandhi, la hija del famosísimo líder de los derechos humanos en la India, contaba que su padre le solía decir: «Hay dos tipos de personas en el mundo: los que trabajan arduamente y los que se llevan el crédito. Trata de estar en el primer grupo ¡hay mucha menos competencia!».[2]

Hace muchos años, un joven con altas calificaciones universitarias fue a solicitar un puesto de dirección dentro de una gran empresa. Cuando llegó a su última entrevista, el presidente de la empresa quiso hablar con él. Notando que sus calificaciones siempre habían sido excelentes desde la escuela secundaria hasta el fin de la universidad, el dueño de la corporación le preguntó:

—¿Has recibido alguna beca en la escuela?

—No. Ninguna —respondió el joven.

El ejecutivo preguntó:

—¿Fue tu padre el que pagó tus cuotas escolares?

—Mi padre falleció cuando yo tenía un año, fue mi madre quien pagó mis cuotas escolares —explicó el aplicante.

—¿Y dónde trabaja tu madre?

—Mi madre trabaja como lavandera.

Entonces, el presidente de la corporación le pidió al joven que le mostrara sus manos. Este, un tanto extrañado por el pedido, le mostró las manos, que se mostraban suaves y sin defectos.

—¿Alguna vez le has ayudado a tu madre a lavar ropa?

El joven respondió:

—Nunca. Mi madre siempre quiso que yo me centrara en mis estudios y leyera más libros. Además, mi madre puede lavar la ropa mucho más rápido que yo. Es más eficiente si la lava ella sola.

El presidente del gran negocio pensó por un minuto y luego, mirando al joven a los ojos, le dijo:

—Te voy a pedir que hagas algo: Vuelve a tu casa y, cuando llegues a tu hogar esta tarde, quiero que le laves las manos a tu mamá. Nos vemos mañana a la mañana.

El joven se sintió un tanto desconcertado frente a ese pedido. Pero, como ansiaba con gran intensidad esa posición directiva, decidió obedecer sin reservas las instrucciones recibidas. Cuando llegó a su residencia, le explicó a su madre lo que había ocurrido en su entrevista de trabajo y le pidió que le dejase lavarle las manos.

Su madre se sintió un tanto extraña por la petición, pero, con sentimientos encontrados, le mostró sus manos al hijo. El joven comenzó a limpiar lenta y cuidadosamente las manos de su madre. Cuanto más las limpiaba, más lágrimas sentía que se le salían de los ojos…

Por primera vez en su vida, notó la cantidad de arrugas que el agua y el detergente habían producido en las manos de su madre. Notó que tenían moretones marcados y algunos de ellos eran tan dolorosos que ella se estremecía cuando vertía sobre ellos el agua y el jabón para lavarlos.

Esta fue también la primera vez que se dio cuenta de que este par de manos que lavaba la ropa todos los días eran el par de manos que le permitía pagar la cuota escolar mes tras mes. Las heridas en las manos de su madre eran el precio que ella había decidido pagar por su graduación, por su excelencia académica y su futuro.

Después de terminar de limpiar las manos de su madre, el joven se arremangó y, con amor, lavó toda la ropa que le quedaba a su madre por lavar. Esa noche, madre e hijo hablaron largo y tendido. A la mañana siguiente, el joven volvió a presentarse en la oficina del líder empresarial.

Cuando empezaron a hablar de la experiencia de la noche anterior, el presidente notó las lágrimas en los ojos del joven y le preguntó:

—¿Puedes decirme qué aprendiste ayer en tu casa?

—Le lavé las manos a mi madre —contestó el joven—. Y además terminé de lavar todo el resto de la ropa que tenía pendiente. Ahora sé —añadió— lo que significa «valorar a otros». Ayer aprendí a valorar el sacrificio de mi madre. Sin ella, yo no sería nadie y no tendría el éxito que disfruto actualmente. Además, cuando me puse en su lugar y le lavé la ropa, me di cuenta del alto costo que hay que pagar para hacer que las cosas ocurran. Y, por último, aprendí a apreciar la importancia y el valor de la relación familiar.

—Eso es exactamente lo que estoy buscando en mi próximo gerente —le dijo entonces el dueño de la empresa—. Quiero contratar a alguien que pueda apreciar la ayuda de los demás, una persona que entienda lo que tienen que sufrir otros para hacer que las cosas sucedan, y una persona que no ponga el dinero como su único objetivo en la vida. ¡Estás contratado!

Con el tiempo, este joven trabajó con gran ahínco, se ganó el respeto de sus subordinados y logró que cada empleado trabajara con diligencia y como un solo equipo. El rendimiento de la compañía mejoró enormemente.[3]

Aprende a reconocer y apreciar el trabajo duro de los demás. Abraza con pasión el trabajo duro en tu vida.

El famoso poeta romano Horacio escribe: «La vida no nos entrega nada a nosotros, los mortales, si no trabajamos arduamente por ello».[4] A lo que F. L. Emerson podría agregar: «Yo soy un gran creyente en el concepto de la suerte... y, cuanto más trabajo, ¡más suerte tengo!».[5]

El trabajo duro lleva a la prosperidad. No hay nadie que yo conozca que haya alcanzado el éxito sin haber trabajado con intensidad para lograrlo. Desde el basquetbolista Michael Jordan hasta el CEO de Starbucks, Howard Schultz.

Max Niesen, de la revista *Business Insider*,[6] dice que, según el entrenador Phil Jackson, aquel que se convertiría en una leyenda del básquetbol norteamericano se pasó todas las vacaciones de su primera temporada practicando cómo saltar junto al aro porque no le salía bien el salto. Jackson dice que el secreto de Jordan no estaba en su talento, se encontraba en la humildad de reconocer que su éxito no dependía de sus habilidades personales, sino de su arduo trabajo para mejorarlas.

Niesen dice que Schultz, por su parte, solía trabajar trece horas diarias como CEO de Starbucks, y Serena Williams, una de las figuras más sobresalientes del tenis mundial, ya estaba pegándole raquetazos a las pelotitas de tenis a las seis de la mañana, desde que tenía siete u ocho años de edad. El CEO de General Electric, Jeffrey Immelt, ha trabajado cien horas semanales por los últimos veinticuatro años. Y Tim Cook, el heredero del liderazgo de Steve Jobs en Apple Computers, envía mensajes regularmente desde las cuatro y media de la mañana.

Debes amar el trabajo duro y esforzado. Nadie llega al éxito trabajando cuarenta horas semanales y saliendo a pescar los fines de semana.

Abraza el concepto de trabajar duro.

Sin embargo, para abrazar el concepto del amor al trabajo, es necesario comenzar a pensar de manera diferente: uno debería ver el trabajo como la expresión de una vocación, como una bendición, como un campo de entrenamiento para el futuro y como algo que trae dignidad a nuestras vidas.

El trabajo es la expresión de una vocación

Todos nosotros tenemos una carrera que la vida nos ha colocado por delante, una *asignación*. Cuanto antes encuentras tu *asignación*, más feliz eres en el trabajo que te ayuda a cumplirla.

De acuerdo con un estudio de la Fundación Pew,[7] cuanto mayor es el nivel de educación, mayor es la satisfacción y el sentimiento de identidad que experimenta el trabajador. Yo creo que eso se debe a que alguien que termina una carrera universitaria normalmente ha encontrado el rumbo en la vida, aunque existen excepciones. Tengo un amigo (y jefe por diez años) que estudió educación física y terminó siendo ¡el presidente de Apple Computers para Canadá!

Sin embargo, yo creo que todo tiene una razón de ser en el universo: nuestros ojos fueron creados para la luz; nuestros oídos, para el sonido. Las plantas de nuestros pies fueron creadas para el suelo, y los dedos de nuestras manos, para las cosas que tocamos y tomamos. Todo ha sido creado con un propósito. Tú tienes un propósito en tu vida y, cuando laboramos en un trabajo que está dentro de ese propósito, las horas se pasan y no nos damos cuenta.

Piensa: ¿qué te motiva... o qué te molesta? Muchas veces el tipo de problema que te molesta es el problema que has sido llamado a resolver en el mundo.

Hay una diferencia entre tu carrera o trabajo y tu propósito o *vocación*. El trabajo es la expresión de tu vocación. La vocación es tu llamado (la raíz tiene que ver con el latín *vocare*, llamar). El trabajo que tú haces es la expresión de esa vocación.

Por ejemplo: una persona puede tener la vocación de sanar a otros. Esa vocación se puede expresar en la carrera de enfermero, dentista o doctor. La primera es tu vocación. La segunda es tu trabajo. El trabajo es la expresión de tu propósito. Cuando los dos están en sintonía, se experimenta mayor felicidad.

Yo tengo la vocación de enseñar. Mi trabajo podría ser maestro, profesor universitario, instructor, formador dentro del Departamento de Recursos Humanos de una empresa o fundador de El Instituto para la Cultura Financiera. Mi trabajo es la expresión de mi vocación. Incluso cuando era el administrador de una radio en Chicago, siempre vi mi trabajo como una oportunidad para enseñar y construir en la vida de otros.

Al mismo tiempo, no nos olvidemos de separar nuestro trabajo y nuestra identidad. Lo que yo hago no es lo que soy. Yo no *soy* mi trabajo. Debemos tener eso en cuenta, porque muchas veces, cuando perdemos nuestro trabajo, sufrimos una crisis existencial, no sabemos quiénes somos.

Si nos conocemos lo suficiente, entonces, cuando perdamos nuestro trabajo, buscaremos otro (o comenzaremos nuestro propio negocio) en el contexto de la vocación que tenemos. Mi trabajo puede cambiar, pero yo nunca debería dejar de lado mi vocación, ¡aunque no me paguen un centavo por hacerlo!

Descubre tu vocación. Las horas de trabajo pasarán como por arte de magia.

El trabajo es una bendición

Si vas a tener éxito en tu vida, necesitas abandonar la idea de que el trabajo «es un castigo de Dios porque Adán se comió la manzana en el jardín del Edén». Ese tipo de ideas son conceptos completamente erróneos que te van a llevar a pensar en el trabajo de manera incorrecta.

Por un lado, si mal no recuerdo, en el famoso relato de Adán y Eva, ellos *ya tenían* trabajo para cuando comieron del fruto del árbol del bien y del mal. Solo que el trabajo se les hizo más difícil una vez que desobedecieron. Que el trabajo sea más difícil no significa que sea una maldición.

Sin embargo, yo todavía me encuentro a personas en todo el mundo, de diversos países y culturas, que piensan que el trabajo es un castigo divino y que cuando nos vayamos al cielo vamos a tocar el arpa, flotando en una nube por toda la eternidad. ¡Dios mío! ¡Eso es lo más aburrido que he oído en mi vida!

Yo creo que, si el Creador trabajó formando el universo, seguramente no es algo malo que nosotros hagamos lo mismo. Los seres humanos pasamos trabajando la mayor parte del tiempo que no dormimos. Si pensamos que nuestras labores son un castigo de lo alto, viviremos una vida desdichada: sufriremos cada día de la semana soñando con vivir felizmente los días de descanso.

El trabajo no es una maldición. Es una *bendición*. Cuando aceptas eso, es mucho más fácil trabajar con un espíritu de gratitud en el corazón y con una actitud positiva hacia las labores que debemos cumplir.

Da gracias por tener un trabajo.

El trabajo es un entrenamiento para la vida

Alguien me dijo una vez que, mientras el constructor edifica la casa, la casa edifica al constructor, y eso se me ha quedado en el corazón.

Las experiencias de trabajo no solo nos proveen una forma de recaudar fondos para poder vivir, sino que también moldean nuestras vidas. Nos hacen mejores. Nos ayudan a ser más detallistas, o más puntuales, o más pacientes, mejores oyentes, más comprometidos o menos egoístas (cuando aprendemos a trabajar en equipo).

Es en el trabajo donde nos damos cuenta de la diferencia que existe entre la capacitación universitaria y la vida real. En el mundo laboral, debemos mejorar o morir: aprendemos nuevas habilidades o perdemos nuestra posición.

Debemos valorar el ambiente laboral porque es parte de la «escuela de la vida real». Allí, los conferencistas que debemos escribir libros aprendemos a ser más detallistas, y los contadores que deben trabajar en equipo aprenden a ser más flexibles. Mientras desarrollas tu trabajo, tu trabajo te desarrolla a ti.

El trabajo es una fuente de dignidad

Trabajar trae dignidad a tu vida. Ganarse el pan con el sudor de la frente (y no «con el sudor del de enfrente», como creen algunos) trae honor. Yo creo que todos los seres vivos han sido creados para ser productivos. Cuando somos productivos, nos sentimos bien. Nos da orgullo ver el producto de nuestra labor, sea una estación espacial o un piso bien limpio.

Ese es uno de los problemas que traen los programas de bienestar social que no están apropiadamente administrados: mi experiencia sirviendo a personas con grandes necesidades por más de diez años en uno de los barrios más difíciles de Chicago me ha enseñado que quienes reciben algo por nada, con el tiempo desarrollan una relación de codependencia con el Gobierno. Se sienten «atrapados» en lo más bajo de la sociedad.

Yo apoyo, de todo corazón, los programas gubernamentales para ayudar a gente en dificultades económicas. Pero creo que esos programas muchas veces se administran como si fueran un «fin» en sí mismos y no como si fueran una herramienta para lograr la autosuficiencia de la persona necesitada. Es triste ver a personas atrapadas en la pobreza, muchas veces, por políticas de sus propios Gobiernos.

Todo trabajo legal es un trabajo digno. No nos debería dar vergüenza que nuestros padres o nosotros mismos tengamos que hacer un determinado tipo de trabajo. Mis bisabuelos eran campesinos atrapados por «la servidumbre» (una especie de «esclavitud *light*» que experimentó mucha gente de Europa oriental). Los abuelos eran campesinos que cultivaban el té, vivían en condiciones muy básicas y no tenían mayor educación. Mi papá fue mecánico, taxista y conductor de autobús antes de convertirse en un hombre de negocios. Mi mamá era costurera y tenía una tienda de ropa en el barrio.

De ninguno de esos trabajos que hicieron mis parientes tengo por qué avergonzarme. Todos fueron trabajos legales, honrados y le dieron dignidad a la familia. En nuestro árbol familiar hay de todo. En la familia de mi padre eran once hermanos y hermanas. En la de mi mamá, trece. Cuando uno tiene una familia de este tamaño, ¡puede encontrar de todo!

Pero yo estoy muy orgulloso de todos los trabajos que hacen los miembros de mi familia. Algunos tienen muchos recursos económicos, otros apenas sobreviven de día en día. Algunos tienen maestrías y doctorados, mientras que otros apenas hicieron algunos grados de educación primaria. Unos trabajan en sofisticados laboratorios como científicos, otros trabajan el suelo de mi país con sus propias manos. En el seno de mi familia he aprendido que el trabajo es digno.

Cuando uno trabaja con pasión en algo, prospera. Con los años me he dado cuenta de que la única manera de prosperar en la vida es producir más, crear «valor agregado» para tus jefes o para el mercado y administrar sabiamente las ganancias obtenidas.

Uno puede hacer dinero en cualquier trabajo, siempre que lo haga con amor y excelencia.

Se cuenta la historia de un doctor en Estados Unidos que escucha a su esposa gritar desde el segundo piso de la casa:

—¡Querido! ¡Llama al plomero! ¡Llama al plomero! ¡Se nos inunda el baño!

El doctor toma inmediatamente el teléfono y busca en la guía telefónica el plomero más cercano. A los diez minutos suena el timbre de la puerta: ahí está. Sin decir palabra, el plomero entra en la casa, va al segundo piso, se dirige al baño y, con una herramienta especial, sustrae un patito de goma del inodoro.

Baja las escaleras, le entrega el patito al doctor y le hace entrega de su factura por 250 dólares.

El doctor mira el patito, mira la factura y exclama:

—¡Esto no puede ser! ¡Es un robo! ¿Cómo es que me cobra 250 dólares por sus servicios?

—Eso es lo que cuesta...

—Pero ¿cómo «es lo que cuesta»? Usted no ha estado acá ni una hora. Yo soy doctor ¡y ni siquiera yo gano 250 dólares la hora!

—Bueno —dice el plomero—, cuando yo era doctor, tampoco.

Una vez más: uno puede hacer dinero en cualquier profesión. Conozco mecánicos que están ganando mucho dinero; conozco agricultores que también están acumulando fortunas; conozco constructores, dentistas, consultores, abogados, religiosos y artistas a los que les va muy bien en su vida económica.

Haz una lista de las cosas que te gustan de tu trabajo y, luego, léelas cada mañana para recordártelas antes de salir de tu casa. Verás cómo tu actitud hacia tus labores cambiará.

Asegúrate de estar cumpliendo con tu vocación en tu lugar de trabajo. Si no está dentro de tu vocación, comienza a buscar un trabajo que lo esté. Traerá pasión a tu vida.

Trabaja apasionadamente. Prosperarás.

OPERA con INTEGRIDAD

Gran abundancia hay en casa del
hombre honrado, pero al malvado no
le aprovechan sus ganancias.[1]
—Salomón.

HACE ALGUNOS AÑOS TUVE LA OPORTUNIDAD DE hablar en el aniversario de una exitosa compañía mexicana que tiene su casa matriz en la ciudad de Monterrey. La empresa se ha dedicado por veinte años a la distribución de insumos para la producción de alimentos. Los importan desde Estados Unidos y los revenden en México. Les ha ido muy muy bien. Tan bien que hoy en día son una de las más grandes empresas de distribución de componentes alimenticios en su país.

Los fundadores de la empresa, desde sus primeros pasos, hicieron un compromiso serio de manejarla con el más alto nivel de honestidad e integridad. Cuando fui a celebrar con ellos sus veinte años en el mercado, me mostraron cómo cada mes ponen énfasis en un determinado valor moral entre todos los empleados.

La pregunta, entonces, fue obvia: «¿Cómo pudieron sobrevivir siendo absolutamente honestos en medio de un ecosistema de negocios tan difícil como el latinoamericano?». La respuesta no se hizo esperar: «Al principio fue muy difícil —me dijo el fundador—, sin embargo, con el correr del tiempo, como demostramos integridad de manera consistente, las mejores y más grandes empresas de Estados Unidos comenzaron a trabajar con nosotros, no porque les prometiésemos las mayores ganancias, sino porque se dieron cuenta de que les hablábamos con la verdad y que nunca los íbamos a traicionar».

La honestidad y la integridad atraen a gente honesta e íntegra. Con esos socios, uno puede hacer negocios mucho más fácil, rápida y eficientemente. Es una buena manera de desarrollar una *ventaja comparativa* que nos permita ganarle a la competencia. El buen carácter se paga bien.

Hay una historia muy interesante que cuenta David Lee Russell en un libro llamado *Eastern Air Lines: A History 1926–1991* [Una historia de las aerolíneas Eastern desde 1926 a 1991], y me gustaría contártela porque viene muy al caso.[2]

A finales de los años cincuenta, la empresa Douglas Aircrafts (que construyó los famosos aviones «DC-8» y «DC-10») estaba compitiendo con la Boeing para venderle a la aerolínea Eastern sus primeros jets. Se dice que Eddie Rickenbacker, héroe de la aviación norteamericana y en ese tiempo también presidente de Eastern, le compró a la Douglas dieciséis aviones y tenía que comprar otros ocho más.

La Boeing quería a toda costa conseguir ese contrato y la Douglas necesitaba a toda costa ser ella la que los vendiera. Dice Russell que el día en el que Rickenbacker estaba sentado en la mesa de negociaciones con todo el equipo de ventas del DC-8, miró a Donald («Don») Douglas, su amigo de tantos años, y le dijo que ya no deseaba hablar con sus vendedores, que deseaba hablar directamente con él.

Cuando Douglas accedió, el héroe de la Primera Guerra Mundial comenzó a hacer una pregunta detrás de otra mientras el dueño de los DC-8 las contestaba una tras otra. Por último, Rickenbacker miró al constructor de aviones y le dijo:

—Don, quisiera que me garantizaras que el nivel de ruido del DC-8 será igual o menor que el del DC-7.

—No podemos garantizarte eso —respondió Donald Douglas—. Lo máximo que podemos hacer es *intentarlo*.

Rickenbacker entonces anunció con una sonrisa de oreja a oreja:

—Don, nos acabas de vender algunos aviones, ¿eh? Y lo que estamos comprando no son los DC-8. ¡Estamos comprando integridad!

Y, dicho eso, les compró los ocho aviones restantes,
¡por unos ochenta millones de dólares![2]

Nosotros nunca sabemos qué negocios nos perdemos
cuando decidimos ser corruptos en vez de ser honestos. La
falta de honestidad, a largo plazo, no es rentable.

La falta de integridad en nuestras decisiones económicas
—tanto en casa como en las empresas— es como un cáncer
que se está comiendo a la sociedad. Francis Fukuyama, en
su libro *Trust* [Confianza] explica cómo la falta de confianza
entre los empresarios de hoy hace que los negocios y la economía en general sean mucho más lentos y complejos.

En la época de nuestros abuelitos, las transacciones económicas se cerraban con solo un apretón de manos. Ellos
valoraban su palabra. Nosotros valoramos los resultados,
hacemos cualquier cosa con tal de lograr lo que queremos.

Una de las marcas más importantes de la madurez personal es la de tener un carácter íntegro (es decir, completo,
ser la misma persona en la vida privada que en la pública).
Muchas veces, los latinoamericanos sabemos que decir la
verdad es importante y les enseñamos a nuestros hijos a
decírnosla, pero, cuando llega el momento de la presión,
preferimos —como Poncio Pilato— crucificar al prójimo
antes que perder las cosas que valoramos.

¡Cuántos de nosotros hemos sido víctimas de la estafa!
A cuántos se nos ha dicho: «No te preocupes, en cuanto
cobre te devuelvo todo lo que me prestaste». O: «La semana
que viene voy a tener todo el dinero para pagarle la renta,
señora, ¡se lo juro!». O quizás: «Este es un negoción, her-
mano, es un negocio perfecto, ¡no se puede perder!».

La realidad, sin embargo, es que todavía estamos esperando que se nos devuelva el dinero prestado o que se nos pague el alquiler atrasado, y ni siquiera queremos hablar de la cantidad de dinero perdido en el negocio que nos propusieron.

Ser una persona de integridad, por ejemplo, es aprender a decir a nuestro prestamista: «No te preocupes. Te voy a devolver cada centavo que te debo. No sé cuándo, porque estamos muy apretados económicamente ahora; pero puedes tener la seguridad de que, aunque me tome el resto de mi vida, te lo voy a pagar todo», en vez de prometer lo que sabemos que no vamos a poder cumplir a menos que ocurra un milagro.

Integridad es pagar nuestros impuestos como corresponde y reportar al Gobierno *todo* el salario de nuestros empleados para que, cuando se jubilen, tengan *toda* la jubilación que les pertenece.

Cuando vivía en un país latinoamericano, escuché a una muy buena amiga de nuestra familia quejarse porque, a pesar de haber tenido posiciones gerenciales durante su vida laboral, los dueños de las empresas para las que trabajó nunca reportaron su sueldo completo. Cuando fue a jubilarse, le indicaron que su jubilación sería la mínima, porque siempre habían reportado el salario mínimo y sus jefes siempre habían pagado impuestos en ese nivel salarial.

Alguien, en los días de su juventud, le robó el futuro a nuestra querida amiga. Fue cruel.

Integridad es sacar los permisos y licencias necesarios para operar nuestros negocios. Es decir la verdad cuando sabemos que pagaremos las consecuencias de hacerlo. Es hacer lo correcto, aun cuando nadie nos ve.

Integridad es no ofrecer ni recibir sobornos. Es no participar activamente en un intercambio de dinero o alguna otra cosa que «tergiverse el camino de la verdad», como lo explica Moisés, el famoso libertador judío.[3] Los sobornos no son «comisiones» pagadas a alguien para que las cosas se hagan más rápido.

El soborno «tergiversa el camino» de la verdad y la justicia. Ese acto dañará a alguien. Me colocará en su lugar o me permitirá no pagar las consecuencias de mis actos erróneos o violaciones de la ley. El soborno es un cáncer que nos está comiendo de dentro hacia fuera.

Sin embargo, aquí me gustaría aclarar algo importante: cuando hablamos de actos corruptos en el continente, debemos aclarar la diferencia entre soborno y extorsión.

A medida que la vida me ha llevado a viajar alrededor del mundo, me he ido dando cuenta de que la cuestión del soborno es un tema «candente», tanto para los empresarios como para el mundo profesional. Muchas veces, sin embargo, también hemos notado que existe una confusión continua entre qué es lo que representa un soborno propiamente dicho y una extorsión. Tendemos a confundirlos y ponerlos juntos en la misma bolsa, y no deberíamos hacer eso.

El soborno es un acto de maldad. La extorsión, también. Sin embargo, mientras que, en el soborno, las dos partes están violando los principios éticos de la ley y la justicia, en la extorsión, una parte es la perpetradora del crimen y la otra es la víctima; en este caso, hay una sola parte que está violando la ley.

El **soborno** se comete cuando prometemos, ofrecemos o entregamos algo de valor a una persona para procurar un servicio y adquirir influencia. Cuando sobornamos, persuadimos a alguien para que realice algo que nosotros queremos que haga o que evite algo que no queremos que suceda.

El soborno puede darse en dinero, por medio de palabras aduladoras o en obsequios inapropiados. Si queremos prosperar en nuestro continente, debemos aborrecer el soborno y, por ende, debemos siempre evitar involucrarnos en este tipo de conducta.

Por otro lado, la **extorsión** se define como «la amenaza de perjuicio a una persona, su propiedad o reputación» con el fin de obtener algo valioso a cambio o de inducirlo a realizar —o no realizar— una determinada acción. La extorsión no es robo. El robo se realiza siempre en medio de la presencia de un acto de fuerza. La extorsión se realiza *prometiendo* actos de violencia o dañinos a la persona en el futuro.

Por ejemplo, si un grupo terrorista secuestrara a nuestra hija y nos pidiera 10.000 dólares de rescate, eso sería una extorsión. A pesar de que el Gobierno siempre anima a la gente a no negociar con terroristas, si pagamos la suma para rescatar a nuestra hija, ese pago no se considera un soborno, sino el haber sido víctima de un acto de extorsión. Nosotros no hemos cometido ningún acto inmoral, somos las víctimas de un acto criminal.

Por otro lado, si, en el proceso de construcción de un edificio, el inspector del Gobierno encuentra múltiples violaciones a las reglas gubernamentales y nosotros terminamos la conversación diciendo: «Entiendo perfectamente, señor inspector, todos estos problemas. ¿Cómo podríamos *arreglar* las cosas para que usted me apruebe hoy mismo el proyecto?», eso es un intento de soborno. Si el soborno se lleva a cabo, ambos habrán violado su integridad como personas.

Si, cuando gano un contrato de construcción, el que me asigna el contrato quiere recibir una «comisión» por darnos el trabajo, eso es un soborno. Los dos nos ponemos de acuerdo para tergiversar el camino de la justicia (quizás el contrato lo debía haber ganado otra compañía).

Si, cuando vamos a la aduana, el supervisor nos dice que no podremos sacar nuestra mercancía a menos que le demos «algo» para su familia, eso es una extorsión. Nos está amenazando con retener a la fuerza nuestra mercancía en el futuro si no pagamos.

Yo creo que tanto el soborno como la extorsión son un virus que se nos ha metido en la sangre del continente y no podremos caminar en prosperidad mientras no lo eliminemos completamente del ADN de nuestras sociedades. Es más: el problema más importante de nuestros países no es la corrupción (que ya es mala), el mayor problema es la ¡corrupción inepta!

El problema es que no solo nos roban, sino que también hacen las cosas mal. Entonces, después del costo del robo, el pueblo debe pagar de nuevo por hacer el proyecto, porque la primera vez lo hicieron mal. ¡Ineptos!

Toda esa falta de integridad y honestidad tiene profundas consecuencias en la prosperidad de nuestras naciones. Nuestros países son ricos. Pueden prosperar. Todos podemos estar mejor si nos comportamos con un carácter intachable. Si quieres ver un ejemplo de esto, busca en Internet la razón por la que Singapur pasó de la pobreza a la riqueza en menos de cincuenta años.

Debemos descubrir las cosas en las que creemos y aprender a vivir conforme a ellas, cueste lo que cueste. Ese es el tipo de hombre o mujer que el mundo admira y necesita.

Marco Polo, Gandhi, Martín Lutero, Judas Macabeo, Simón Bolívar, Bernardo O'Higgins, José de San Martín, Miguel Hidalgo y Costilla, Martin Luther King Jr., la madre Teresa de Calcuta y tantas otras personas que admiramos (y que me falta el espacio para nombrar) demostraron justamente ese tipo de integridad. Ese es el tipo de personas que recordamos a través de los años y a través de las generaciones.

Me contaron que Abraham Lincoln dijo una vez: «Tú puedes engañar a todos algún tiempo, puedes engañar a algunos todo el tiempo, pero no puedes engañar a todos todo el tiempo».[4] Y esa es una gran verdad.

«Integridad» es una palabra derivada del latín *integer* (de donde tomamos también la palabra «integral»), se aplica muchas veces a las matemáticas y significa «entero» o «completo». Una persona íntegra es una persona completa, sin fisuras ni divisiones en su carácter. Es la misma persona en la privacidad de su vida y en su vida pública.

Cuando me invitan a conferencias —especialmente con varones—, muchas veces defino la integridad de esta manera:

Integridad es
hacer *lo que se tiene que hacer,*
cuando *se tiene que hacer,*
como *se tiene que hacer,*
sea conveniente o no.

O bien:

Integridad es
hacer *lo que se tiene que hacer,*
cuando *se tiene que hacer,*
como *se tiene que hacer,*
sin importar las consecuencias.

Piénsalo.

La revista *Time* narra una historia de integridad y valor que cambió el rumbo de una nación. Me gustaría contártela:[5]

En el año 2004, el corrupto Gobierno prosoviético de Víktor Yanukóvich ostentaba con férreo control el poder en Ucrania. Sin embargo, ese año, los vientos del cambio político llegaron al país con la convocatoria de elecciones por el mes de noviembre. El pueblo quería un cambio, y otro Víktor —esta vez con el apellido Yushchenko— era el candidato favorito de la oposición para traer mayor nivel de libertad a la nación.

Yushchenko había sido atacado verbal y físicamente, como cuando le quemaron la cara con ácido en un ataque político. Lo habían amenazado de muerte y el Gobierno dictatorial lo acosaba sin cesar. Sin embargo, el valiente opositor se presentó como candidato a primer ministro en esas elecciones de noviembre que el pueblo apoyó decididamente.

Cuando, el 21 de noviembre de 2004, el Comité Electoral Central decidió declarar ganador al autoritario Yanukóvich, Natalia Dimitriuk decidió hacer lo impensable: decir la verdad.

Dimitriuk era la traductora al lenguaje para sordomudos que normalmente aparecía en un pequeño recuadro al costado de la pantalla televisiva durante el espacio de noticias que presentaba el canal gubernamental UT. Frente al texto mentiroso que estaba transmitiendo el locutor, Natalia decidió traducir: «Me dirijo a todos los sordos de Ucrania. Nuestro presidente es Víktor Yushchenko. No confíen en los resultados del Comité Electoral Central. Son todo mentiras, y estoy muy avergonzada de traducirles todas estas mentiras. Tal vez no vuelvan a verme».

Ese acto de valentía e integridad creó un movimiento masivo entre el pueblo y los reporteros que fue el comienzo de la famosa Revolución Naranja, llevó a la instauración del renovador Víktor Yushchenko como primer ministro y a un cambio impresionante en la forma en que la prensa ucraniana reporta las noticias hasta el día de hoy.

Una persona con integridad puede marcar una gran diferencia en un mundo de corrupción.

Nuestro sabio y multimillonario amigo de Oriente Medio, en sus escritos de hace más de 3.000 años, diría:

El malvado recibe una paga engañosa;
el que actúa con justicia, recompensa efectiva.[6]

Vale más tener buena fama y reputación,
que abundancia de oro y plata.[7]

Los pecadores son perseguidos por el mal;
los justos, recompensados con el bien.[8]

Reflexionando sobre estos dichos salomónicos, nos damos cuenta de que las ganancias mal habidas no llevan a la prosperidad integral. Todo lo contrario: muchas veces llevan a las peleas, al despilfarro y a la desdicha. Son un mal ejemplo para nuestros hijos y ellos terminan imitando nuestros malos hábitos y comportamiento. Mi experiencia es que, a largo plazo, el dinero mal ganado nunca se puede disfrutar.

En la gran mayoría de nuestros países diríamos: «El que ríe último ríe mejor». No siempre aquel que se hace millonario defraudando a los demás termina bien en la vida. Tanto dinero, todo junto y de repente, crea más caos que orden.

Por ejemplo, Teresa Dixon Murray cita al National Endowment for Financial Education en un artículo publicado por Cleveland.com, donde dice que el setenta por ciento de las personas que ganan la lotería en Estados Unidos terminan, con el tiempo, perdiéndolo todo.[9] Compraron un boleto de lotería porque creyeron que los llevaría a cumplir sus sueños y lo que encontraron fue una pesadilla: demasiado dinero, demasiado pronto. Esa ganancia súbita de tanto dinero los lleva a la discordia, a las peleas, los divorcios y la bancarrota.

Es importante recordar de que la vida es más que la simple acumulación de dinero y posesiones materiales. La prosperidad integral requiere que consideremos el concepto de «éxito» desde un punto de vista distinto. Eso lo vamos a ver juntos en el último capítulo de este libro.

CRECE con PACIENCIA

Si piensas lo que haces, tendrás abundancia;
si te apresuras, acabarás en la pobreza.[1]
—*Salomón.*

La paciencia activa: la perseverancia

Leonardo Da Vinci decía: «La paciencia nos protege de los males de la vida como la vestimenta nos protege de las inclemencias del tiempo». A este dicho, Cervantes le podría agregar: «La diligencia es la madre de la buena suerte».

Paciencia más diligencia produce perseverancia.

Entonces, cuando hablamos de «paciencia» en el mundo de la economía personal o empresarial, deberíamos siempre establecer una diferencia entre la paciencia «pasiva» y la paciencia «activa», es decir, la *perseverancia*. Muchas veces encuentro que las personas tienen una idea fatalista de la paciencia: creen que es sinónimo de rendirnos a nuestra mala suerte o a las circunstancias en las que vivimos.

«Hay que tener paciencia», decimos, y pensamos en la idea de sentarnos, mirando el techo, esperando sin hacer nada a que ocurra un milagro o a que las circunstancias cambien en nuestras vidas.

Esa no es la paciencia de la que estamos hablando aquí. Si quieres imitar el éxito del multimillonario Salomón, debes hablar de una paciencia en movimiento, la paciencia diligente, la *perseverancia* a través del tiempo. Eso implica tener constancia, entereza, firmeza, persistencia frente a las adversidades. No rendirnos frente a las dificultades, seguir adelante a pesar del dolor y la pérdida.

Confucio decía: «Nuestra mayor gloria no está en que nunca hemos fallado, sino en que cada vez que fallamos nos hemos levantado».

El problema que experimentamos los latinoamericanos de hoy es que, cuando crecíamos, nos tocó vivir un momento de la historia con profundos cambios políticos y económicos. Vivimos economías inflacionarias y ministros de Economía que tomaron el control de todo el dinero que teníamos en los bancos. Algunos nos cambiaron las reglas de juego económicas de la noche a la mañana, ¡literalmente!

Eso nos ha llevado a tener desde nuestra niñez una actitud del «ya y ahora», de vivir el hoy. Queremos ganar la mayor cantidad de dinero en la menor cantidad de tiempo. Entonces, cuando tenemos la oportunidad de comprar algo o de realizar alguna inversión, miramos por lo que es más conveniente a corto plazo: hoy tenemos, y hoy gastamos (porque pensamos: *¿Quién sabe qué es lo que va a ocurrir mañana con la economía del país?*).

Pero debemos aterrizar en el siglo veintiuno. Debemos darnos cuenta de que en el mundo de hoy ya no tendremos esa inestabilidad que tuvimos entre los años setenta y noventa. Ahora, las tasas de inflación son relativamente bajas y los países buscan proveer estabilidad y confianza al mercado.

Frente a esta nueva realidad, los exitosos serán aquellos que dejen de tomar decisiones económicas como si estuvieran corriendo una carrera de 100 metros llanos y vean sus finanzas como una carrera de 5 kilómetros con obstáculos. Ellos, con el tiempo, lograrán los mejores rendimientos económicos. Esta será una carrera que continuarán corriendo, incluso, nuestros propios hijos.

Según el libro *El millonario de la puerta de al lado*, de Stanley y Danko, «más del ochenta por ciento de los millonarios de Estados Unidos de hoy son gente común y corriente que han acumulado riquezas en una generación. Lo hicieron lentamente, consistentemente, sin ganar la lotería».[2]

Dice Salomón: «… porque tal vez caiga el justo siete veces, pero otras tantas volverá a levantarse».[3]

La perseverancia nos ayuda a ahorrar

La perseverancia sabe sacrificar lo bueno para esperar lo mejor, y eso, con el tiempo, produce un profundo impacto en nuestra vida económica.

Te voy a contar una historia que he contado por todo el continente a través de los años. Se trata de la famosa historia de mis amigos Ricardo Rápido y Pedro Paciente.

Nota: Tengo que reconocer que no estoy tomando en cuenta algunos aspectos financieros importantes como la fluctuación del mercado inmobiliario, la inflación y los costos de compra y venta de inmuebles. La razón por la que lo hago te la explicaré al final, pero tiene que ver con la lección principal que quiero enseñar y que hacen que esos aspectos financieros no jueguen un papel importante en la historia.

Entonces, volviendo a mis dos amigos: Ricardo Rápido y Pedro Paciente…

Los dos quieren comprarse una casa que equivale a 100 mil dólares norteamericanos, tienen 10 mil dólares para el depósito inicial y pueden pagar unos 700 de mensualidad por la hipoteca.

Mi amigo Ricardo Rápido compra rápidamente la casa más grande que pudo encontrar por ese dinero y por ese pago mensual. Le costará U$101.137,55

Aquí va un dibujito de su casa:

Por otro lado, Pedro Paciente, como es «paciente», decide que, en vez de comprarse la casa más grande que puede, con los U$700 mensuales que puede pagar se va a comprar una más pequeña. Le va a costar U$66.458,12.

Aquí va un dibujo de la casa de Pedro Paciente:

Esta es la situación, entonces, de mis dos amigos:

RÁPIDO	PACIENTE
Casa de $101.037,55	Casa de $66.458,12
Anticipo $ 10.000,00	Anticipo $10.000,00
Deuda: $ 91.037,55	Deuda: $56.458,12
Plazo: 30 años	Plazo: 30 años
Interés: 8,50 por ciento anual	Interés: 8,5 por ciento anual
Pago mensual: $700	Pago mensual: $700

El primer mes de pago, la paciencia de Pedro Paciente comienza a tener un resultado positivo: como él está pagando más de lo que debería pagar, una porción más grande de sus pagos mensuales está yendo a eliminar su deuda con el banco.

Mira este cuadro del mes número 1:

Nombre	Deuda	Pago	Interés	A la deuda	Activo
Rápido	$91,037.55	$700.-	$644.85	$55.15	$10,055.15
Paciente	$56,458.12	$700.-	$399.91	$300.09	$10,300.09

Como Paciente está pagando más de lo que debería pagar «a la deuda», entonces su activo crece mucho más rápido cada mes. Si vives en Estados Unidos, los norteamericanos llaman en inglés «*equity*» lo que nosotros aquí llamamos «activo».

Diez años después...

A los diez años, como ha estado pagando más dinero cada mes en los pagos de su hipoteca, mi amigo Pedro Paciente termina de pagar completamente su casita. Esta, entonces, es la situación económica de mis dos amigos luego de pagar U$700 por 120 meses:

Mes	Nombre	Deuda	Pago	Interés	A la deuda	Activo
120	Rápido	$80.789,33	$700,-	$572,26	$127,74	$20.375,96
120	Paciente	$695,06	$700,-	$4,92	$695,06	$66.458,12

Nota algo muy importante: Ricardo Rápido, después de pagar U$700 todos los benditos meses por los últimos 10 años ¡todavía debe **80 mil** de los 91 mil dólares que pidió prestado originalmente! ¿No te parece un robo?... Sin embargo, es totalmente legal.

Ricardo Rápido ha caído en una trampa económica y ha estado pagando una especie de renta o alquiler por su casa al banco (en forma de intereses) y al gobierno (en forma de impuestos). Esa es la razón por la que los bancos tienen las oficinas más bellas y los edificios más grandes de la ciudad: se han convertido en una increíble «aspiradora de dinero».

Si no sabes cómo se juega el juego, ¿Cómo vas a ganar?... Ahora te vas dando cuenta de cómo se juega, ¿no?

Paciente cumple sus sueños...

Como ya terminó de pagar su casita más humilde, ahora Pedro Paciente la vende por exactamente la misma cantidad de dinero por la que la compró y coloca ese dinero como anticipo para comprar la «casa de sus sueños» justamente al lado de la de Ricardo Rápido pagando lo mismo que Rápido: U$101.037,55.

Casa de Ricardo Rápido   Casa de Pedro Paciente

Entonces, Paciente continúa pagando sus U$700 mensuales a su nueva hipoteca de 30 años al 8,50% de interés anual. Aquí está el cuadro de la situación en el mes 121:

Mes	Nombre	Deuda	Pago	Interés	A la deuda	Activo
121	Rápido	$80.661,59	$700,-	$571,35	$128,65	$20.504,61
121	Paciente	$34.579,43	$700,-	$244,94	$455,06	$66.913,18

Cinco años después...

Cinco años más tarde, mi buen amigo Pedro Paciente termina de pagar la «casa de sus sueños». Aquí va el cuadro comparativo con Ricardo Rápido después de 15 años de pagos mensuales:

Mes	Nombre	Deuda	Pago	Interés	A la deuda	Activo
182	Rápido	$70.888,30	$700,-	$502,13	$197,87	$30.347,12
182	Paciente	$8,46	$8,52	$0,06	$8,46	$101.137,55

Como puedes notar, mi amigo Ricardo Rápido todavía debe unos 70 mil dólares por su préstamo de 91 mil. Cada mes, todavía una gran parte de su pago va hacia el pago de intereses y no a su deuda.

Pedro Paciente está en una situación muy distinta. Ha pagado completamente su casa y ahora, tiene U$700 libres cada mes. Él toma una muy sabia decisión: invertir ese dinero mensual muy conservadoramente al 8% de interés anual.

Quince años más tarde...

Luego de 30 años de haber comenzado su carrera hipotecaria para comprar la casa de sus sueños, mis dos amigos están en lugares muy diferentes, guiados por las decisiones que tomaron en su juventud: uno, con impaciencia comprando la casa más grande que pudo lo antes posible; el otro, pacientemente, comprando una pequeña, vendiéndola, comprando una segunda e invirtiendo a largo plazo sus pagos hipotecarios «excedentes» de $700 mensuales.

Veamos juntos su situación económica. En primer lugar, tanto Rápido como Paciente tienen un activo de U$101.137,55 por el valor de la «casa de sus sueños».

Sin embargo, la inversión de Paciente de $700 mensuales al 8% anual, por 15 años, ha generado un capital adicional de ¡U$239.227,34!

Mira el siguiente cuadro:

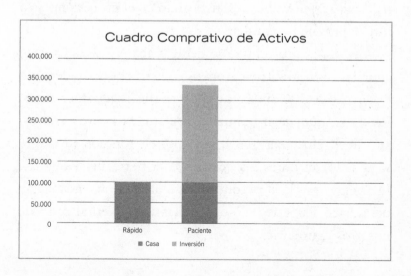

La paciencia y la perseverancia a través del tiempo pagaron muy bien en la vida de Pedro Paciente. No fue fácil (nunca es fácil), pero valió la pena. Ahora, frente al momento de su vida en el que Pedro Paciente está pensando en sus planes de jubilación (retiro), logró acumular activos ¡por más de 340 mil dólares!

La diferencia no lo hizo el mercado. La diferencia lo hizo el hecho de que Ricardo Rápido terminó pagando U$117.257,92 y eso lo mató, económicamente hablando. Su impaciencia por disfrutar de lo mejor en el menor tiempo posible le costó carísimo.

Pedro Paciente, por otro lado, no está pensando solamente en sí mismo. Paciente está acumulando capital para la siguiente generación: para sus hijos y sus nietos. Él ha sacrificado parte de su satisfacción personal por el bienestar de las generaciones futuras. Este tipo de actitud está desapareciendo de nuestro continente en la medida en la que los medios de comunicación social nos condicionan a disfrutar del «aquí y ahora» sacrificando en el proceso nuestro futuro personal y familiar.

Esa era la actitud que se demostraba en el carácter de aquellos inmigrantes europeos y asiáticos que llegaron hace más de 100 años a nuestras tierras latinoamericanas. Era la actitud de mi abuelo y de muchos otros eslavos, alemanes, europeos y asiáticos que regaron con su sangre y su sudor el noreste argentino o la tierra del Paraguay. Esa gente que le abrieron surcos a la selva de Misiones y del Chaco Paraguayo. Nos vendría muy bien al resto de nosotros el imitarles.

La perseverancia lleva a la gratificación diferida

Hace muchos años, estaba en Santa Cruz de la Sierra (Bolivia), y decidí salir a dar un paseo fuera de mi hotel. No muy lejos de allí, entré en un negocio de venta de artículos para el hogar. Uno de los vendedores salió a encontrarse conmigo. Muy amablemente, me preguntó de qué manera me podía servir.

Yo le dije que estaba buscando una «cocina» (en otros países del continente eso se llama una «estufa» y es el lugar donde calentamos los recipientes de comida). Él me dijo:

—¡Claro! Tenemos muchas. Puede elegir cualquiera de las que vea contra esa pared.

Yo señalé una de ellas y le pregunté el precio, a lo que él contestó inmediatamente:

—Esa cuesta 350 dólares.

—¿Y la puedo pagar en cuotas?

—¡Claro que sí! —me dijo el inteligente vendedor—. ¡La puede comprar en 10 cómodas cuotas de 53 dólares cada una!

Uno no necesita tener un doctorado en Matemáticas para darse cuenta de que, si pago al contado, todo junto, voy a pagar 350, pero, si pago en cuotas, voy a terminar pagando 530, o sea, 180 dólares más de lo que vale el producto.

Lo interesante es que, en esa época (si mal no recuerdo), 180 dólares era el sueldo mensual de una maestra boliviana. La pregunta es, entonces: «¿Cuál es la diferencia entre cambiar la cocina ahora, comprarla a plazo y pagar 530 dólares o colocar por 10 meses 35 dólares al mes dentro de un sobrecito para poder comprarla al contado más adelante?».

La diferencia no está en mi capacidad económica. Los pagos los tendré que hacer mensualmente de todas maneras, sean 35 dólares a mi propio sobrecito o 53 al negocio donde compré la cocina. La diferencia está en mi madurez.

Para esperar diez meses antes de traer la cocina a casa, necesito tener un fruto muy particular en el árbol de mi carácter personal: el fruto de la paciencia. Además, para tener la consistencia de colocar todos los meses el dinero en ese sobre y resistir la tentación de gastármelo antes de tiempo, necesito, además, sumarle a la paciencia, dominio propio.

Tanto la paciencia como el dominio propio son manifestaciones de mi carácter personal que me permiten ir en contra de las presiones de la economía de mercado. Esta nueva economía se ha convertido en una aspiradora de nuestros recursos económicos. La paciencia y la perseverancia me permiten disfrutar de una cualidad que se encuentra en peligro de extinción: la de la *gratificación diferida*.

La *gratificación diferida* es uno de los más importantes secretos para prosperar económicamente en la vida. Es decir «no» a algo hoy para poder decir «sí» a algo mejor el día de mañana.

Salomón nos anima a practicar la gratificación diferida: en vez de comprar ahora y pagar después, ahorrar ahora y comprar después. En vez de comernos todos los alimentos que producimos durante el verano, debemos hacer como las hormigas —decía el sabio rey— y guardar en el verano para cuando venga el invierno.

Nuestros padres y abuelitos vivían la gratificación diferida. Ellos no sabían que eso se llamaba así, pero la tenían integrada en el ADN de su carácter. Piensa por un momento, ¿no te decían tus padres o abuelos algo como esto?:

—Bueeeeeno... nosotros nos sacrificamos, pero por lo menos ustedes, chicos, están mejor.

Mi mamá me lo dice de vez en cuando. Eso demuestra una actitud de madurez en la vida: ellos decidieron sacrificarse para que nosotros pudiésemos tener una mejor educación y un mejor pasar económico.

Nosotros, en cambio, somos la primera generación de latinoamericanos que hemos sacrificado a nuestros padres y estamos sacrificando a nuestros hijos en el altar de nuestro propio **hedonismo**.

Debemos dejar de comportarnos de esa manera. Si nos gastamos cada peso que tenemos encima (y, luego, *algunitos* más...), no vamos a poder crear una generación más próspera que la nuestra. Nosotros debemos aprender a decir «no» a ciertas cosas en nuestras vidas hoy para poder decir «sí» a otras en las vidas de nuestros herederos el día de mañana.

La perseverancia sabe esperar lo mejor

Hay una linda historia que conté en mi libro *Las 10 leyes irrefutables* y que ilustra, también, cómo la paciencia y el dominio propio afectan nuestras decisiones económicas diarias y marcan una gran diferencia en nuestra vida económica. Permíteme copiarla aquí:[4]

EL CASO DE MARGARITA

Hace algunos años atrás, mi esposa y yo invitamos a una excelente puertorriqueña (que llamaré Margarita) a ser mi asistente administrativa en la organización internacional que me tocaba liderar desde el norte de Atlanta. Cuando la trajimos de su tierra natal, le prometimos a su madre que la cuidaríamos y nos aseguraríamos de que estuviera cómoda y segura en su nueva ciudad y lugar de ministerio.

Luego de conseguirle una linda casa donde vivir, la siguiente tarea fue conseguir un medio de transporte. Recuerdo el día que Margarita me preguntó:

—Doctor Panasiuk, ¿me ayudaría a comprar un autito?

—¡Por supuesto! —le dije—. Con una condición: que, si en medio de la negociación yo me levanto y me voy, tú te sales detrás mío...

—¡Por supuesto! —dijo Margarita inmediatamente.

Entonces nos sentamos, miramos sus entradas de dinero e hicimos un cálculo de cuánto era lo máximo que podía pagar en mensualidades por el auto. Yo te recomiendo que siempre tengas en tu biblioteca o les regales a tus empleados una copia del libro *¿Cómo compro inteligentemente?*, que publicamos con Grupo Nelson hace algunos años. Te ayudará a hacer lo mismo con ellos.

Como dato interesante: en Estados Unidos, nosotros le recomendamos a la gente que no invierta más del 14 %

de su dinero disponible en todos sus gastos de transporte. El Dinero Disponible es lo que le queda a uno después de haberle dado «a César lo que es de César y a Dios lo que es de Dios». Eso nos dio un número exacto que colocamos delante de la presencia de Dios en oración.

Un par de días después —un viernes por la tarde—, mi esposa, Margarita y yo salimos de la oficina y fuimos a ver a un muy buen amigo que es dueño de una concesionaria de automóviles en nuestra ciudad. Cuando nos vio llegar, salió a saludarnos y a preguntarnos qué podía hacer por nosotros. Yo le conté la historia, le dije que Margarita era una misionera de nuestra organización, que venía de la bella isla de Puerto Rico y que necesitábamos encontrar para ella un auto «bueno, bonito y barato».

—¡Tengo exactamente lo que necesitan! —me dijo mi buen amigo Miguel, e inmediatamente le indicó a uno de sus vendedores que nos mostrara el autito japonés blanco que acababan de recibir como parte del pago de otro auto más grande.

Cuando nos lo trajeron —recién lavado, aspirado y lustrado— parecía una joyita sentada en el estacionamiento del concesionario. Era justo lo que Margarita necesitaba. Aunque era pequeñito y solo tenía un equipamiento básico, se veía muy bien cuidado, limpito, marchaba magníficamente bien y tenía suficiente espacio interior como para que mi asistente administrativa se transportara cómodamente de su casa a la oficina.

Sin embargo, cuando nos sentamos a ver los números y calculamos el pago mensual, descubrimos que los gastos de transporte se excederían unos 50 dólares a su presupuesto calculado.

Aquí te paso el cálculo que tú debes hacer:

Cantidad de dinero que llevo a casa cada mes: _____

Menos obras de caridad o compromisos con Dios: _____

Menos impuestos a los ingresos que todavía debo pagar: _____

Estos son tus Ingresos Netos Disponibles (IND) mensuales: _____

Multiplica el IND mensual x 0.14 = _____ (TRANSPORTE)

Esa es la cantidad total de dinero que puedes gastar en transporte —*todo* el transporte— cada mes.

Ahora, para encontrar cuánto es lo máximo que puedes pagar por tu cuota del auto, puedes hacer este cálculo:

TRANSPORTE (mensual):	
Menos **cuota mensual** de otros vehículos	
Menos pago mensual de **seguros** de vehículos	
Menos promedio mensual de gastos de **mantenimiento**	
Menos promedio mensual de **reparaciones**	
Menos gastos mensuales de **gasolina**	
Menos promedio anual de pago de **placas** (impuestos)	
Menos otros gastos mensuales	
Cuota mensual del auto que puedo pagar (máximo)	

Si haces este ejercicio con números reales de tu vida, te darás cuenta de por qué muchas veces tenemos problemas económicos: estamos gastando demasiado dinero en transporte.

Te recomiendo el libro *¿Cómo compro inteligentemente?*

Volviendo a nuestra historia con Margarita, cuando preguntamos si el valor del auto se podría bajar aún más para ajustar las cuotas mensuales, el vendedor nos dijo que ese era el precio por el que ellos compraron el auto y que debían venderlo a exactamente el mismo precio para no tener pérdidas.

Yo, entonces, agradecí al vendedor su ayuda, me levanté y comencé a caminar para salir de la oficina. Fue entonces cuando me percaté de que Margarita no estaba a mi lado. Me di media vuelta y vi que mi asistente todavía estaba sentada junto al escritorio.

—Vamos, Margarita —le dije, a lo que ella contestó mirándome con ojos suplicantes mientras movía su cabeza lentamente en sentido negativo—. ¿Cómo que *no*? —reclamé—. Tú me prometiste que, si yo me iba, tú te vendrías conmigo.

—Sí —me susurró en voz baja—. ¡Pero es que está tan lindo! ¡y son solo 50 dólares más!

—Margarita —le dije con cariño y firmeza al mismo tiempo—. ¡Vamos!

Margarita respondió aceptando que la arrastrase de la mano hacia fuera del concesionario y la empujase para que se sentara en la parte posterior de mi auto, que mi esposa ya nos había traído hasta la puerta.

El domingo, después del servicio de la mañana, fui a ver al pastor principal de la iglesia a la cual mi esposa y yo asistíamos en la ciudad de Flowery Branch, Georgia. A los ministros religiosos, en muchos lugares de Estados Unidos los llaman *pastores*.

—¿Qué tal, pastor Jaime? —lo saludé, y luego le comenté sobre la venida de Margarita, de su trabajo social entre nosotros y de la necesidad de encontrarle un auto para que pudiese llegar de su casa al trabajo. Le pregunté si no conocía a alguna persona de la congregación (entre sus 5.000 asistentes) que estuviera vendiendo algún auto bueno, bonito y barato.

—¡Qué bien que me lo preguntas! —me dijo con mucho cariño—. Justamente ayer por la tarde vino a mi oficina una pareja mayor de nuestra iglesia y me dijeron que estaban pensando comprarse un auto nuevo. Cuando hicieron las cuentas y descubrieron lo poco que les darían por su auto usado a cambio del nuevo, decidieron venir a la iglesia y donarlo.

—Me dijeron que, quizás, habría alguien que necesitara transporte en alguna buena obra y ellos querían entregar su auto para llenar esa necesidad. Así que, ¡adelante!

Y, abriendo el cajón de su escritorio, tomó las llaves y el título del auto y me lo entregó allí mismo.

Cuando mi esposa y yo salimos al estacionamiento a ver el vehículo, ¡casi nos caemos de espaldas! Era un auto de lujo, en condiciones impecables, con todo el equipamiento que uno pudiese soñar y mucho más.

Cuando, el lunes, Margarita llegó a la oficina, ¡de pronto todas las asistentes administrativas de la organización querían trabajar para mí! La pregunta era: ¿cuánto les paga Andrés a sus asistentes administrativas? Margarita no lo podía creer...

Ahora, la gran lección: si Margarita hubiese comprado su autito japonés el viernes, el domingo a la mañana se hubiese puesto de pie en la iglesia y hubiese dicho:

—Quiero agradecer a Dios por haberme provisto de un autito esta semana. ¡Bueno, bonito y barato!

Pero, la verdad es que *ese* no era el auto que el Padre del Cielo tenía preparado para Margarita. Por supuesto que no. El futuro le tenía preparado a Margarita algo mucho mejor, ¡a un precio inmejorable!

La perseverancia nos hace más fuertes

A lo largo de los años, hay una historia que cuento regularmente en mis libros y conferencias que ilustra la importancia de perseverar a través de las dificultades. Déjame contártela una vez más:

Hace algunos años, Gonzalo caminaba por el fondo de su casa después de una tormenta. De pronto, vio en el suelo un capullo de mariposa todavía pegado a una pequeña ramita. Lo levantó y lo llevó con sumo cuidado a la cocina de su casa para proveerle protección y cuidado.

Colgó la ramita en el centro de la boca de un jarro de vidrio y llamó a su esposa para mostrarle, orgulloso, su experimento. Su esposa, con paciencia, se mostró impresionada por unos cinco segundos y luego continuó con las tareas que estaba realizando.

Unos minutos después, mirando atentamente la bella construcción que había hecho el famoso gusano de seda, Gonzalo se dio cuenta de que el capullo se movía. Un tiempo más tarde, ese movimiento casi imperceptible se tornó en una serie de sacudidas frenéticas hacia un lado y hacia el otro.

Gonzalo entendió inmediatamente la tremenda lucha por la vida que se estaba llevando a cabo dentro del capullo. Era obvio que el insecto estaba tratando con todas sus fuerzas de salir de la condición en la que estaba y que se veía en serio aprieto dentro del capullo.

Entonces, mi buen amigo decidió intervenir y ayudar a aliviar la presión. Sacó una pequeña navaja muy filosa y, con muchísimo cuidado, hizo un pequeño corte en la parte superior del capullo.

Al instante ¡un ala surgió del capullo! Segundos después, la otra y, por último, la recién nacida mariposa paseaba libremente por el tope del jarro donde había estado colgada su transitoria casa.

Ahora Gonzalo se sentía contento de haber podido ayudar a un insecto que nos trae tanta belleza y alegría. Solo se hacía una pregunta: «¿Por qué será que no quiere volar?».

Esperó por una hora para que las alas de la mariposa se secaran, movió el jarro, lo colocó afuera. Pero la mariposa no remontaba vuelo.

Preocupado por el asunto, fue a ver a su vecino, profesor de la universidad. Le contó lo que había pasado, cómo había encontrado el capullo, cómo lo había cuidado y cómo había rescatado del capullo al insecto con su navaja.

—¡Ahí está el problema! —exclamó el vecino.

—¿Cómo? —preguntó Gonzalo, totalmente desconcertado.

—Sí, ahí está el problema —repitió su vecino experto—. La tremenda lucha que observaste para salir del capullo es una parte importantísima del proceso de fortalecimiento de los músculos del insecto. Si no dejas que esa lucha siga su curso natural, la mariposa nunca podrá volar. Es una parte vital de su desarrollo.

La lección de esta historia es muy importante: el sufrimiento y la lucha contra las dificultades a través del tiempo son una parte vital de nuestro desarrollo personal y nos hacen mejores personas y líderes en el mundo económico y empresarial.

Los latinoamericanos somos gente de pensamiento mágico. No sé si nos viene de las costumbres y religiones animistas de nuestros antepasados o no, pero el asunto es que, en lo profundo del corazón, esperamos que nuestros problemas se puedan resolver de manera «mágica». Creemos que un milagro puede resolver nuestras dificultades.

Sin embargo, muchas veces, las dificultades que tenemos son el resultado de problemas de carácter más profundo que deben ser resueltos *antes* de poder disfrutar de sanidad financiera. Esa es la intención de la presión y la lucha a través del tiempo. Ese es el propósito de la prueba: hacernos más fuertes.

En vez de esperar un «milagro» que mágicamente traiga el dinero que necesitamos a nuestra cuenta de banco, deberíamos pensar en las razones que nos llevaron a tener esos problemas en primera instancia y cambiar las circunstancias de fondo; es decir, aprender la lección.

Así pues, crece pacientemente, tanto en tu vida económica como en tu vida empresarial. Abraza la paciencia activa. Persevera en el tiempo. La perseverancia nos hace afrontar los problemas, encontrar las soluciones y convertirnos, al final de cuentas, en mejores personas para con nuestra familia y para con la sociedad.

AHORRA con REGULARIDAD

Anda a ver a la hormiga, perezoso; fíjate en lo que hace, y aprende la lección: aunque no tiene quien la mande ni quien le diga lo que ha de hacer, asegura su comida en el verano, la almacena durante la cosecha.[1]
—*Salomón*.

Esopo y una fábula financiera

Hace mucho tiempo, en la tierra en la que los animales y los insectos pueden hablar, había llegado el fin de la primavera. El otoño se acercaba y, con él, se incrementaba la laboriosidad por parte de una colonia de hormigas. Uno las podía ver cada mañana, antes de que despuntara el sol, salir del nido y dirigirse a las diferentes fuentes de alimentos en búsqueda de las provisiones para pasar el invierno.

Cerca de su base se podía escuchar la dulce música que tocaba un saltamontes. Todo el verano, el saltamontes se la había pasado tocando el violín, la guitarra, la trompeta y hasta la mandolina. Había estado escribiendo canciones y cantándolas a todo el que las quisiera oír. Los alimentos abundaban y todas las tardes, invariablemente, tomaba una buena siesta.

Un día amaneció bien frío. El saltamontes casi no se movió de su guarida. Las hormigas no salieron sino hasta tarde en la mañana, cuando el sol estaba alto en el cielo. Sorprendido, se acercó al camino y vio a las hormigas trabajar más duro que nunca. Cuando reconoció a una de ellas, le dijo:

—¿Qué estás haciendo? ¿Por qué andas tan desesperada?

—Ya llega el invierno y necesitamos terminar de llenar nuestros graneros subterráneos.

—¿Graneros? ¿Qué graneros?

—Los graneros que tenemos bajo tierra para poder sobrevivir en invierno, cuando todo esto esté lleno de nieve y no podamos encontrar comida.

—¿Nieve? ¿Qué nieve? —preguntó el incrédulo y cada vez más agitado saltamontes.

—En invierno tendremos nieve. Toda la comida estará cubierta por varias semanas bajo la nieve y el hielo. Por eso necesitábamos guardar comida en nuestros graneros. Y tú, ¿construiste tus graneros? ¿Guardaste comida?

—Estuve tocando música y durmiendo la siesta. No me di cuenta de la nieve y los graneros. ¿No pueden compartir su comida conmigo?

—Bueno, lo podemos hablar con la Reina y ver qué dice.

Luego de muchas consultas y reuniones, la Reina Hormiga y su equipo de liderazgo decidieron hacerle una propuesta al saltamontes: si tocaba y bailaba para ellas en el invierno, lo iban a contratar, pero sería la única vez en la vida que le ayudarían. A partir del año siguiente, debería comenzar bien temprano a recolectar comida cada día y ahorrar para cuando vinieran los días malos. Luego de cumplir con su meta diaria, podría tocar y cantar y así todos disfrutarían más del trabajo.

La lección de esta historia inspirada en una de las famosas fábulas de Esopo[2] es clara: en la antigua Grecia, ya 500 años antes de Cristo, se les enseñaba a los niños y adultos a ahorrar durante los días de abundancia y a guardar para los días de escasez. La vida es cíclica: siempre hay tiempos de abundancia y tiempos de necesidad, tiempos en los que ganamos muy bien y tiempos en los que no tenemos «un peso partido por la mitad».

El problema es que, cuando ganamos bien, creemos que siempre tendremos ese nivel de entradas, y quizás que tendremos aún más. Pero la vida no es así. El incremento lineal de ingresos es una excepción, y no la regla. En el siglo veintiuno, el mercado laboral es diferente al de nuestros padres y no podemos contar con ingresos en crecimiento constante por el resto de nuestras vidas.

La pregunta, entonces, es: ¿para qué ahorrar? Permíteme exponerte algunas ideas de para qué debemos ahorrar.

Ahorra para incrementar tus ingresos

Hay un dicho muy famoso en Estados Unidos que la gente le atribuye a Benjamín Franklin y que dice así: «Un centavo ahorrado es un centavo ganado».[3] Es una gran verdad: una de las formas más efectivas de incrementar nuestro salario es reduciendo nuestros gastos. Ahorrar es una muy buena manera de darse un aumento de sueldo a uno mismo.

Ahora, aquí va un concepto «revolucionario»: no podemos ahorrar gastando. Pareciera ridículo tener que decirlo, pero mucha gente cree sinceramente en las campañas publicitarias que dicen «Compre y ahorre». Cuesta tener que explicar que los dos son términos contradictorios y opuestos.

Uno no puede gastar y ahorrar al mismo tiempo. Excepto, por supuesto, cuando compramos para satisfacer una necesidad real y la compra se hace a un precio más barato que el regular. Por eso debemos clarificar dos conceptos muy importantes: el concepto de necesidad y el de deseo.

Antes de clarificar estos dos conceptos, quisiera recalcar que no está mal tener deseos y satisfacerlos. No estoy promoviendo el masoquismo. Sin embargo, si quieres prosperar en la vida, es importantísimo tener claro cuáles son nuestras necesidades y cuáles son nuestros deseos. Las necesidades deben siempre ser satisfechas y deben satisfacerse primero; los deseos, solamente en el caso de que tengamos los recursos económicos disponibles para hacerlo.

La necesidad

Cuando tomé mis clases de Psicología en la universidad, estudiamos en alguna de ellas la famosa escala de Maslow. Esa escala dividía las necesidades del ser humano en cinco áreas generales que iban desde las más básicas (fisiológicas) hasta la necesidad de sentirse realizado (pasando por la necesidad de afiliación, reconocimiento y autorrealización).[4]

Sin embargo, para los propósitos de nuestro estudio, voy a definir como «necesidad económica» todas aquellas cosas que realmente necesitamos para sobrevivir: comida, vestimenta, un techo sobre nuestra cabeza, etc. No solo cosas materiales o corporales, sino todo aquello que de verdad necesitamos para nuestra supervivencia como seres humanos (por ejemplo: seguridad, salud, transporte, etc.).

Debemos colocar nuestras necesidades en el nivel de prioridad más alto. Tenemos que procurar suplirlas a toda costa. Allí deben ir nuestros recursos financieros sin mayores dudas ni retrasos.

Los deseos

Cuando hablamos de las compras que tenemos que hacer, todo aquello que no es una necesidad es un deseo. Ya sea un deseo «cualitativo», en el que expresamos el deseo de una calidad más alta por una necesidad determinada, o un deseo «propiamente dicho», en el que simplemente quisiéramos tener algo que nos gusta.

Un deseo cualitativo podría ser, por ejemplo, un buen pedazo de bistec en lugar de una hamburguesa. El alimento es una necesidad básica del cuerpo. Pero, en este caso, uno está queriendo satisfacer esa necesidad con un producto más costoso y de más alta calidad: un bistec. Lo mismo podría ocurrir en las otras áreas de necesidades reales de nuestra vida: podemos comprar un vestido en una tienda de vestidos usados o podemos comprar uno de alta confección.

En ambos casos, la vestimenta es una necesidad, pero la forma en la que queremos satisfacer esa necesidad puede transformar la compra en un deseo.

Un deseo «propiamente dicho» es todo aquello que no tiene nada que ver con una necesidad.

Comprarnos un mueble para el televisor, un «cine en casa» (*home theatre,* en inglés), una mesa para el patio, un velero o adquirir otra propiedad para hacer negocio con ella pueden ser ejemplos de este tipo de deseos.

Deberíamos satisfacer nuestros deseos solamente después de haber satisfecho nuestras necesidades, y si tenemos los recursos económicos para hacerlo.

Por lo tanto, antes de salir de compras es importante que tengamos claro lo que es una necesidad y lo que es un deseo. En estos días, la gente tiende a decir «necesito una tableta» o «necesitamos una máquina de sacar fotos» cuando, en realidad, deberían estar diciendo «¡cómo quisiera comprarme una computadora!» o «¡cómo nos gustaría tener una máquina de sacar fotos más sofisticada!».

Lamentablemente, en los últimos cuarenta años hemos atravesado un proceso de condicionamientos que nos hacen hablar de «necesidades» en vez de reconocer nuestros deseos. Al hacerlo así, creamos una ansiedad interior que nos impulsa a satisfacer esa «necesidad». Es entonces cuando invertimos nuestro dinero en cosas que realmente podrían esperar y nos olvidamos de proveer para aquellas cosas que de verdad necesitamos (ya sea de forma inmediata o a largo plazo).

Otra idea: debemos tomar nota de que no siempre lo que parece un «ahorro» realmente lo es.

Por un lado, porque, como dicen muchas damas del continente, «lo barato sale caro». En algunas circunstancias nos conviene comprar cosas de mejor calidad, pero que nos durarán de por vida, más que cosas de baja calidad que tendremos que reemplazar cada cierta cantidad de años.

Por otro lado, no siempre es una buena idea comprar en «ofertas». Si yo compro diez jabones de lavar la ropa porque estaban casi a mitad de precio y después de dos días me quedo sin dinero para comprar leche, he hecho una mala inversión. Ahora tengo dinero sentado en la repisa del cuarto de lavar la ropa riéndoseme en la cara porque no puedo prepararme un café con jabón, necesito leche. Este es un típico caso en el que no me conviene «ahorrar gastando».

Sin embargo, si el almacén de la esquina de mi casa está ofreciendo dos litros de leche por el precio de uno, yo debería inmediatamente aprovechar la oferta (sobre todo si tengo niños en casa). La leche es un elemento de consumo diario y es una necesidad básica para mi supervivencia. El jabón de lavar la ropa y otros limpiadores pueden ser reemplazados por alternativas más baratas.

Este último problema de comprar más de lo que uno necesita y tener dinero estancado en las alacenas de la casa es un problema que millones de negociantes afrontan cada día a lo largo y ancho del mundo. Lo creas o no, manejar la economía de un hogar tiene mucho que ver con la forma en que se maneja la economía de un negocio, incluso con la forma en que se maneja la economía de un país.

Una más: no pagues las cosas que compras en cuotas. Te cobrarán intereses que podrías haber ahorrado. Recuerda: cuando hablamos de intereses en el siglo veintiuno, el juego se llama «El que paga pierde». Nunca compres en cuotas cosas que pierden su valor con el tiempo. Compra en cuotas cosas que *suben* de valor con el paso del tiempo.

Por ejemplo: el refrigerador, el televisor, el juego de sala, el portátil o la tableta, el celular, el juego de dormitorio, el auto…, son todas cosas que pierden valor a lo largo del tiempo.

Imagina que te compras un televisor de última tecnología hoy a pagar en 36 cuotas (3 años). De aquí a un año entras en una crisis y quieres vender ese televisor. En ese momento, ¡el televisor vale menos de lo que debes!

Un terreno, una casa, un departamento, un negocio… esos son ejemplos de cosas que suben de valor a través del tiempo. Si vas a pedir prestado, pide prestado para invertir en este tipo de cosas. Quédate en tu bolsillo los intereses de lo demás.

Una última idea: usa tu Plan de Control de Gastos —como te lo expliqué en la Idea 3— para tomar decisiones que te lleven a bajar tus gastos mensuales. Vive moderadamente. Abraza la virtud de la moderación.

La **moderación** es un concepto «marciano» en nuestro continente. Nosotros nunca hemos sido expuestos a esta forma de vivir porque fuimos conquistados por países del sur de Europa. La moderación es un concepto que han abrazado los países nórdicos: Suecia, Finlandia, Noruega, Dinamarca, Alemania, Holanda, etc., naciones que, a pesar de haber quedado (algunas de ellas) completamente destruidas después de la Segunda Guerra Mundial, constituyen la vanguardia mundial.

La moderación significa vivir «ni muy muy, ni tan tan», como dirían nuestras abuelitas. Vivir moderadamente significa no negarnos todo para vivir como pobres miserables aun teniendo dinero, pero tampoco gastarnos cada peso que llevamos encima con el fin de aparentar un estatus social al que no pertenecemos.

El famoso filósofo Platón decía que una persona que tiene la virtud de la moderación subordina sus deseos personales de placer a lo que le dicta su razón; y, en la antigua Grecia, a la entrada del templo de Apolos en Delfos se podía leer «μηδὲν ἄγαν» (*médén ágan*, nada en exceso).[5]

Los peregrinos llevaron este concepto de vivir con moderación al Nuevo Mundo, y yo creo que fue una de las causas principales por las que prosperaron tanto en el área de Massachussets. Su influencia en la cultura norteamericana es indudable. Muchos estadounidenses de hoy se comportan con moderación ¡y ni siquiera saben de dónde viene esa costumbre!

Vivir la vida bajo la virtud de la moderación significa que puede ser que, si tengo todo el dinero para comprarme un automóvil de lujo, descapotable, fabricado en Alemania y con nombre de niña, pero un auto japonés mediano satisface todas mis necesidades de transporte, me compro el auto japonés. No porque amo el dinero o porque soy un tacaño, sino porque vivo moderadamente: me compro lo que satisface mi necesidad, y conservo en el banco la diferencia entre un auto y el otro.

Cuando yo vivo así por veinte o treinta años, la diferencia con mis vecinos es clara. En un principio, parecía como si ellos ganaran más que yo y estuvieran en una posición económica mejor que la mía. Sin embargo, para cuando tenemos cincuenta o cincuenta y cinco años, la solidez de mis finanzas ya se hace notar.

En un mundo que promueve los deportes extremos, las experiencias extremas y un estilo de vida extremo, la moderación parece haberse traído de un planeta diferente. Sin embargo, esa virtud ha hecho millonario a más de uno.

Decía nuestro millonario milenario:

El que se entrega al placer, el vino y los perfumes, terminará en la pobreza.[6]

En casa del sabio hay riquezas y perfumes, pero el necio gasta todo lo que tiene.[7]
Salomón.

Ahora que entiendes qué significa vivir con moderación y la diferencia entre tus necesidades y tus deseos, puedes decidir reducir gastos innecesarios y concederte un 10, un 15 o hasta un 30 por ciento de aumento de sueldo ¡sin que tu jefe te dé un peso más de salario!

Ahorra para un fondo de emergencias

Algunas veces, la gente me dice:

—Andrés, no es que nosotros gastemos incontroladamente o en cosas que no necesitamos, pero es que nos ocurrió algo inesperado.

A lo que a mí me gusta contestar:

—Sí, pero lo inesperado no sería tan inesperado ¡si lo estuvieras esperando!

Somos seres humanos y nos pasan cosas inesperadas en la vida. El auto se rompe, los niños se enferman, el refrigerador se muere... *siempre* van a venir cosas inesperadas en la vida. Entonces, en el mundo de las finanzas, la mejor manera de «esperar lo inesperado» es ahorrando.

Necesitas tener un fondo de emergencias.

Claro, la pregunta siempre es: ¿cómo establezco un fondo de emergencias para mí o mi familia?

En primer lugar, debes tener orden. Debes asumir el control de tu dinero y no permitir que él te controle a ti. Eso se llama Plan de Control de Gastos, como el que te mostré en la Idea 3. Dentro de ese plan, mi sugerencia es que separes entre el 5 y el 10 % de tu IND (Ingreso

Neto Disponible) para ahorrarlo regularmente. Apártalo; al comienzo de cada mes, colócalo en un sobre, separado del resto del dinero de la casa.

Calcula cuánto es tu IND y multiplica esa cantidad por 2 o por 3. En Estados Unidos o Europa puedes multiplicar eso hasta por 5 si quieres. Esa es tu meta final: el equivalente a 2 o 3 meses de IND familiar.

Pero, como dice mi buen amigo Andrés Gutiérrez (www.andresgutierrez.com), uno necesita comenzar con «pasitos de bebé». Para establecer tu fondo, el primer pasito de bebé es juntar el 25 % de tu IND familiar. Para eso, haz esta cuenta:

IND x 0.25 = Primer Ahorro

Si no tienes un ingreso regular, porque recibes dinero de un negocio propio, calcula cuáles han sido tus ingresos en los últimos 6 o 12 meses y luego divide esa cantidad por 6 o por 12 para encontrar el promedio. Usa el promedio de tus ingresos como base para calcular tu IND.

Ahora vas a empezar a apartar en un sobre o un jarrito de dulces entre el 5 y el 10 % de tu IND cada mes, hasta que tengas la cantidad que te indica tu Primer Ahorro. Cuando llegues a esa cantidad, puedes abrir una cuenta de ahorro en el banco y colocar ese Primer Ahorro allí. Ese será el comienzo de tu fondo de emergencias. Si la moneda de tu país fluctúa mucho, y, si no es ilegal, puedes ahorrar en una moneda extranjera más estable.

Continuarás sumando a esa cuenta de ahorro entre el 5 y 10 % de tu IND familiar hasta que llegues a tu meta: **IND x 2 (o 3)**.

Recuerda que el IND se debe calcular con *todos* los ingresos familiares juntos. También, si en tu trabajo te pueden hacer una deducción automática de tu salario y depositar tus ahorros directamente en tu cuenta de ahorro bancaria, ¡hazlo!

Cuando *llenas* tu fondo de emergencias, dejas de ahorrar con ese fin. Ahora puedes ahorrar con otro fin o comenzar a invertir a medio o largo plazo.

Cuando llegue una emergencia, en vez de «tarjetear» y pagar altos intereses, ahora puedes tomar de tu fondo de emergencias para pagar esos gastos. Cuando lo haces, dejas de invertir y comienzas a ahorrar nuevamente para rellenar el fondo. Cuando el fondo está nuevamente lleno, para de ahorrar y continúa invirtiendo.

¿Qué te parece? ¿Crees que lo puedes hacer? Eso marcará una gran diferencia en tu vida.

Ahorra para invertir en tu futuro

¿Qué prefieres, que te dé mil dólares hoy o que te los dé mañana? Probablemente prefieres tenerlos hoy. Ese es el valor del dinero con el tiempo: tener en tus manos un dólar hoy vale más para ti que tenerlo de aquí a 24 horas.

Pero ¿qué dirías si te ofrezco darte 1.500 dólares mañana en vez de 1.000 hoy? Ahora tienes que decidir: ¿prefieres esperar hasta mañana y tener un 50 % más de capital o prefieres tener el dinero hoy?

Esa es la forma en la que funcionan las inversiones en el mercado: basándose en la ley de la oferta y la demanda y en un concepto casi erradicado de nuestra sociedad a día de hoy, la paciencia. De hecho, de acuerdo con un estudio realizado en la bolsa de valores estadounidense, se estima que, históricamente, las inversiones hechas en la bolsa duplican el capital cada siete años más o menos.

A continuación, voy a darte algunos consejos para invertir tu dinero de forma tal que cuando llegue el día de mañana puedas encontrar 1.500 dólares en tu cuenta de banco, en vez de descubrir que, en realidad, debes 1.000 dólares a tu tarjeta de crédito.

1. Invierte lo que ahorras

Ahora que sabes cuál es tu IND y cuáles son tus gastos regulares, vas a poder separar cada mes una cierta cantidad de dinero en ahorros todos los meses.

Piensa: si solo invirtieras en la Bolsa de Nueva York el promedio de 1 dólar por día, 30 dólares al mes, ¿cuánto tendrías tras 40 años de perseverancia? (tomo la Bolsa porque es fácil calcular el promedio de ganancia, al 12 % anual).

Los 14.600 dólares de tu inversión se convertirían en casi ¡270.000 dólares! Si tienes niños pequeños, podrías comenzar a ahorrar para tus hijos, ¿no? Si tú y tus hijos son perseverantes, quizás podrían llegar a jubilarse y tener más de un cuarto de millón de dólares en el banco.

2. Invierte en lo que conoces

Nunca inviertas dinero en cosas con las que no estás familiarizado. Invierte en negocios o en valores de empresas que conoces bien. En mercados que conoces. Si sientes que conoces bien el mercado de los bienes raíces, invierte en propiedades. Si conoces el mundo de los autos, compra y vende autos. Pero, si te ofrecen un tipo de negocio que no conoces, no te metas en él, perderás dinero.

Recuerdo que, a finales de los años noventa, en el estado de Texas, un señor me vino a ver porque quería comenzar un negocio de «Páginas Amarillas en la Internet». Yo le pregunté si era bueno con las computadoras (una cosa sofisticada en ese tiempo).

—¡No! —me dijo—. No tengo la menor idea de cómo funciona una computadora, ¡pero me dijeron que las ganancias pueden ser fenomenales!

Yo le sugerí tomar un curso de computación, comprarse una computadora y aprender todo este asunto del mercadeo por Internet *antes* de lanzarse al negocio.

Lo mismo me pasó con un amigo en Chicago. Me llamó un día y me pidió que hablara con su suegra. Yo le pregunté por qué necesitaba que yo hablara con la madre de su esposa, a lo que él me respondió:

—Quiero comprar un taller mecánico y mi suegra no quiere ayudarme.

—¿Cómo te puede ayudar tu suegra?

—Yo quiero que ella hipoteque su casa, tome 250.000 dólares y me los dé a mí para dar el enganche (anticipo) del negocio que quiero comprar. Me van a cobrar 1.400.000 dólares por el taller y necesito poner 250.000 de enganche.

—¡Tu suegra es una santa! —le dije—. ¡Déjala en paz! La mujer, ya viuda, pagó toda la hipoteca de la casa ¡y ahora tú la quieres poner de esclava de los bancos nuevamente! Además, ¿tú sabes algo sobre mecánica? No te he visto levantar un destornillador en tu vida...

—No. No sé nada. ¡Pero me dijeron que es una excelente inversión aquí en Chicago!

Yo le sugerí a mi amigo que dejara a su suegra en paz y comenzara a arreglar autos en el garaje de su casa (o en algún lugar permitido por la ley) y comenzara desde abajo. Que creciera de a poco y, con el tiempo, él entendería mucho mejor el negocio de la mecánica y así, cuando estuviese listo para comprar un gran negocio, no cometería *grandes* errores ni tendría *grandes* pérdidas.

3. Obtén un buen margen de ganancia

Uno o dos puntos en la tasa de interés pueden significar una gran diferencia a lo largo de los años. Por ejemplo, si ahorras 100 dólares por mes al 8 % anual, luego de 30 años tendrás unos 150.000 dólares. Pero, si en vez de recibir el 8 %, logras recibir el 10 % anual de promedio por ese período, tendrás un poco más de 228.000 dólares ahorrados. Es notable lo que un par de puntos pueden hacer a través del tiempo.

Averigua con tu banco o una compañía inversora de confianza la mejor manera de invertir tanto en tu país como en el exterior. Ahora hay muchas oportunidades de inversión que funcionan como si abrieras una cuenta de cheques en tu banco. No son nada complicadas. Habla con alguien del banco donde ya haces negocios.

Para más orientación sobre el tema de inversiones, puedes buscar artículos y videos en nuestro sitio de

Internet, completamente gratis: www.CulturaFinanciera.org.

¿Conoces «la regla del 72»? Es una simple regla matemática que te permite ver cómo las tasas de interés afectarán tu inversión. Uno puede averiguar cuánto tiempo tardará en duplicarse una determinada cantidad de dinero invertida simplemente dividiendo el número 72 por la tasa de interés. Por ejemplo: si mi inversión está colocada al 6 % de interés anual, me tomará 12 años duplicar la cantidad de dinero invertido, porque 72 dividido por 6 es 12.

Aquí hay otros ejemplos de cuánto tiempo tomará duplicar tu inversión:

72 dividido por el 8 % = 9 años

72 dividido por el 12 % = 6 años

72 dividido por el 4 % = 18 años

4. Toma en cuenta los riesgos

Invertir, en estos días, no es nada del otro mundo. Antes de los años noventa, invertir en bolsa parecía una cosa exclusiva de gente muy adinerada. Sin embargo, hoy en día, con la llegada y el crecimiento de los fondos mutuos, invertir tu dinero a largo plazo no debería ser más complicado, como te dije antes, que abrir una cuenta de ahorros en un banco.

Cuando hablamos de invertir tus ahorros, mi recomendación es que busques una empresa de inversiones reconocida o un banco de confianza que te ayude en el proceso. No trates de invertir por ti mismo (por ejemplo, a través de Internet), y no te dejes llevar por individuos o amigos que inviertan por ti. Busca una empresa reconocida, con una historia de, por lo menos, veinte años en el mercado, que tenga un buen nombre y buenas referencias.

Hace mucho tiempo, leí un artículo en Internet que explicaba cinco clases de riesgos básicos que tendrás que afrontar cuando inviertas. Tomé nota y ahora quisiera compartir esas ideas contigo:

- **Riesgo de inflación**: el riesgo de que la inflación del país sea más alta que la tasa de retorno. Por ejemplo, si el banco te da el 5 % de interés anual, pero la inflación del país es del 7 % ese año, perdiste dinero.
- **Riesgo del crédito**: representa la posibilidad de que el Gobierno o la empresa a la que le compraste los valores se vaya a quiebra o no te pague.
- **Riesgo de interés**: el riesgo de que pierdas el valor del mercado de tus bonos, si las tasas de interés suben.
- **Riesgo de liquidez**: es la capacidad de volver a convertir tus inversiones en dinero en efectivo. Quizás cuando quieras vender tus acciones no lo puedas hacer.
- **Riesgo del mercado**: es la inestabilidad de los precios de los valores en la bolsa debido al comportamiento (positivo o negativo) de las empresas y a las condiciones políticas y económicas del país. Después de la crisis del 2008, mucha gente perdió dinero en la bolsa porque el mercado se hundió.

Recuerda que, tanto en Estados Unidos como en muchos otros países del mundo (incluyendo, probablemente, el tuyo), el dinero que colocas en inversiones no está garantizado por el Gobierno. Si tú colocas tus ahorros en una cuenta de banco y ese banco se va a la quiebra, el Gobierno es garante de ese dinero y te devolverá todo lo que tenías depositado. Pero, si inviertes en la bolsa de valores, por ejemplo, y la empresa cuyas acciones compraste quebró, ese dinero no te será devuelto.

Entender los riesgos que tienes por delante y determinar cuánto te quieres arriesgar determinará el tipo de inversión que habrás de hacer. Además, debes tomar en cuenta el tipo de capital que estás invirtiendo (¿es un dinero que recibiste y no estabas esperando?, ¿son los ahorros de toda tu vida?) y la edad que tienes. Si estás entre los 25 y los 35 años, probablemente podrás arriesgarte más que si estas entre los 45 y 55.

Pero recuerda: el riesgo es una parte esencial de la inversión. Toda inversión tiene riesgo. Lo importante es saber cuánto riesgo puedes asumir y cuánto capital estás dispuesto a invertir. Tú debes encontrar el equilibrio: ni poco ni mucho. Si corres poco riesgo (con una cuenta de ahorros o un depósito a plazo fijo, por ejemplo), puede que la inflación y los impuestos te quiten todas las ganancias. Si te arriesgas demasiado, existe la posibilidad de que pierdas el esfuerzo de años de trabajo y sacrificio. Usa la sabiduría y adquiere formación primero.

5. Aprovecha el poder del interés acumulado

En 1976, el diputado Hasting Keith decía en el *Wall Street Journal*: «Lo único que puedo hacer es recordarles cuánta verdad tenía la supuesta respuesta de Albert Einstein cuando se le preguntó: "¿Qué considera Einstein que es la invención más grande del hombre?". No respondió que la rueda o la palanca. Se cuenta que dijo: "El interés compuesto"».[8] La verdad es que no sabemos a ciencia cierta si lo dijo Einstein o no, pero la mejor forma de usar la acumulación de intereses a tu favor (intereses sobre intereses sobre intereses...) es comenzar a invertir sabiamente lo más temprano posible.

Por ejemplo, si al nacer un nuevo bebé en la familia, mamá ahorrara 5 dólares por cada día de trabajo y papá hiciera otro tanto, esos 10 dólares por día laboral podrían proveer a su hijo, cuando él llegase a los 18 años, 150.000 dólares para gastos de universidad (asumiendo el 12 % de retorno que ha tenido históricamente la Bolsa de Nueva York).

Si el dinero no se gasta y se continúa invirtiendo a razón de 10 dólares por día laboral (50 por semana, 200 por mes, al 12 % anual), a los 33 años, este joven tendrá 1.000.000 de dólares. Y, si continúa haciendo lo mismo hasta el día de su jubilación a los 65 años, habrá acumulado un capital de ¡2.350.000 dólares! (suficiente para proveerle, si continúa invirtiendo sabia y conservadoramente, un salario de más de 15.000 dólares mensuales por el resto de su vida).

Aprovecha el poder del interés compuesto. Puede transformar tu futuro económico, como lo ha hecho con millones de personas en los países desarrollados en los últimos 100 años. Es hora de que nosotros, que crecimos en países en desarrollo, apliquemos estas ideas a nuestras vidas, especialmente ahora que están mucho más al alcance del pueblo de lo que estaban años atrás, cuando éramos niños.

Por supuesto, si estás leyendo este libro en cualquier país de Latinoamérica, ya puedo ver tu sonrisa. Sé que para nosotros no es normal tener 200 dólares para invertir cada mes por el resto de nuestras vidas (aunque en estos últimos años estamos viendo en nuestro continente el crecimiento de una clase media educada y con mejores posibilidades económicas).

De todos modos, la enseñanza es válida: algo siempre es mejor que nada, y el poder de la acumulación de intereses se puede aplicar tanto a grandes sumas de dinero como a pequeñas. «Una travesía de mil kilómetros —dice un proverbio chino—, siempre comienza en el lugar donde estás parado».[9]

Lo importante no es cuánto dinero tengas para invertir hoy. Lo importante es que comiences en el lugar donde estás y te animes a dar el primer paso.

CUIDA tu REPUTACIÓN

Vale más tener buena fama y reputación,
que abundancia de oro y plata.[1]

No abandones nunca el amor y la verdad;
llévalos contigo como un collar.
Grábatelos en la mente,
y tendrás el favor y el aprecio
de Dios y de los hombres.[2]
—Salomón.

Había una vez un señor que era dueño de una fábrica de comida para perros. Un día, se dio cuenta de que tenía un serio problema: las ventas de su producto estaban estancadas, llevaban bastante tiempo sin crecer. Lo que era peor, en los últimos meses habían comenzado a decrecer.

Fue entonces cuando llamó a su equipo de ventas y lo puso a trabajar en una campaña publicitaria. Crearon el mensaje, la publicidad y gastaron millones en anunciar la comida para perros que fabricaba esta compañía.

Tres meses después, las ventas seguían en descenso.

Entonces, enojado, el dueño decidió que lo mejor sería contratar una empresa de mercadeo externa para que, con nuevos ojos, lanzase una campaña de promoción más extensa.

Así pues, se contrató la compañía, se diseñó la campaña publicitaria y se lanzó al mercado, gastando millones una vez más en la promoción del producto.

Tres meses después, las ventas no mejoraron.

A estas alturas, el dueño de esta fábrica estaba enfurecido. Había gastado casi todas sus reservas de dinero y las ventas seguían estancadas. Decidió, entonces, echar a la calle a todo su Departamento de Mercadeo y sustituirlo por «sangre nueva». Trajo nuevas personas, algunas bastante jóvenes, para tener un nuevo enfoque de cara a incrementar las ventas del alimento de perros que producía la fábrica. A los dos meses, los reunió a todos en su sala de reuniones y les dijo:

—Quiero que me digan por qué nuestras campañas publicitarias no están siendo eficaces. He gastado millones promoviendo nuestra comida para perros en todo el país y nuestras ventas continúan decreciendo. Quiero saber la verdad. ¿Por qué no nos da resultado nuestro mercadeo? —preguntó, para después agregar con un tono de frustración—: ¡Quiero que alguien me lo diga!

Fue entonces cuando un jovencito, nuevo miembro del equipo, levantó con timidez la mano.

—¿Sí? ¿Y usted qué quiere? —le preguntó el enfurecido dueño—. ¿Usted sabe por qué no estamos vendiendo más cantidad de alimento para perros?

—Sí —dijo con turbación el joven y, con una voz temblorosa le respondió al enfurecido dueño—: Es que a los perros **no les gusta su comida.**[3]

Otro proverbio atribuido a Salomón dice: «Vale más la buena fama que el buen perfume».[4] Y es una gran verdad. Si nuestra reputación no es buena, cuanto más nos conozcan, peor nos va a ir. Cuanto más nos conocen, más nos rechazan. Cuanto más nos rechazan, más arruinamos nuestro buen nombre y nuestra buena reputación.

Nuestra reputación es algo que no podemos controlar, solo podemos influir en ella. La reputación no vive con nosotros ni en nosotros, vive en la mente de los demás. Es un fenómeno muy particular y por eso debemos ser extremadamente cuidadosos con cómo nos relacionamos con ella.

Si bien no debemos «manipular» la imagen que otros tienen de nosotros —convirtiéndonos en unos hipócritas—, sí debemos cuidar esa imagen. La imagen que la gente tiene de nosotros en su mente nos ayuda a establecer mejores relaciones interpersonales y laborales, y a hacer mejores negocios.

Construir una reputación es algo que requiere tiempo y esfuerzo. Para destruirla, sin embargo, basta con un minuto o un acto incorrecto. Bastaría con mencionar a personajes como el actor Bill Cosby, el presidente de la FIFA Sepp Blatter, la empresaria Martha Stewart o el presidente Bill Clinton. Todas personas brillantes y exitosas, que mancharon sus nombres por el resto de sus vidas y, quizás, más allá de sus vidas.

Hay varias razones prácticas por las que debes cuidar tu reputación. Paso a mencionar un par de ellas.

Tu reputación afecta tu crédito

Tu reputación, hoy en día, supone una gran diferencia al momento de pedir, por ejemplo, un crédito para una casa o para un negocio.

Recuerdo que, en el pasado, antes de los años ochenta, el dinero en efectivo era «el rey». El que tenía la capacidad de pagar algo en efectivo era visto como una persona exitosa. Eso ya no es así. Tanto en muchos de nuestros países como en Estados Unidos, si uno no tiene «buen crédito», puede perder miles y miles de dólares. Si quieres comprar una casa de 100.000 dólares a 30 años, la diferencia entre pagar un 6 % y un 7 % de interés es de ¡casi 24.000 dólares!

Cuanto mejor sea tu reputación (y tu puntaje crediticio), más bajo será el porcentaje que te cobrarán para prestarte dinero para una casa o un auto. Eso también puede determinar si te darán un mejor trabajo o no, si te van a conceder una tarjeta de crédito, si podrás alquilar una casa o si te van a rentar un auto cuando te vayas de vacaciones. Determina, incluso, si pagarás menos en tus pólizas de seguro de hogar o de vida. El puntaje de tu crédito es muy importante, y está vinculado a tu reputación.

El crédito se mide con puntos. Pero este sistema de «puntos» no es universal. Cada prestamista tiene el derecho de aplicar su propio sistema de puntos para evaluar tu capacidad crediticia, y las medidas cambian de país a país. En Estados Unidos, el sistema de puntos más usado por las empresas y bancos prestamistas se llama FICO y lo proporciona una organización llamada «Fair Isaac».

Así pues, tu capacidad de crédito se evalúa, por un lado, por los «informes de crédito» que ofrecen ciertas compañías privadas como un servicio a las empresas y bancos; y, por el otro, por el puntaje FICO, que suele llamarse *credit rating* o *credit score*. Voy a manejar ciertos términos en inglés porque ese es el idioma en el que se gestionan los informes de crédito en Estados Unidos y tenemos muchos latinoamericanos viviendo en ese país. De esa manera sabrás de lo que estoy hablando si vives allí.

Tu *rating* determina qué tan buen cliente eres, cuál es tu capacidad adquisitiva y cuál es tu capacidad y seriedad a la hora de devolver el préstamo.

Los puntos (o *rating*) FICO se miden dándole al consumidor desde un mínimo de 300 hasta un máximo de 850 puntos. Con 650 puntos puedes ser considerado un *prime borrower*, o «cliente de primera», y puedes comenzar a recibir tasas de crédito especiales y un tratamiento preferente.

Para encontrar información de crédito en tu propio país, simplemente busca «Buró de Crédito, X» (poniendo el nombre de tu país en lugar de la X).

La pregunta del *millón* de dólares: ¿cómo sé cuál es mi nivel de crédito?

En Estados Unidos hay tres compañías que destacan como proveedoras de informes de crédito: Equifax, Experian y TransUnion. Estas empresas también tienen oficinas en varios países del continente y ofrecen servicios similares a los que tienen en Estados Unidos.

A continuación, te facilito los datos de cada una de estas compañías para que te pongas en contacto con ellas y les pidas una copia de tu *credit report* (tu informe de crédito). Eso te va a mostrar qué tan buena es tu reputación financiera en el mercado.

En muchos estados de la Unión americana, estas empresas tienen la obligación de darnos gratuitamente nuestro informe de crédito, hasta un máximo de dos veces al año. De todas maneras, llámalos y pídeles tu informe de crédito *antes* de salir a comprar un auto (o una casa).

Una vez que lo tengas, léelo con atención y corrige cualquier error que veas (no es raro encontrarlos). Es importante contactar a las empresas por escrito y pedir que cambien los errores que haya en tu *credit report*. Muchas veces lo puedes hacer en sus propias páginas de Internet.

Para que te den la información de cuál es, específicamente, tu *score*, *credit rating* o FICO, es posible que tengas que pagar algo de dinero. ¡Hazlo! Vale la pena saberlo.

Aquí van los datos de dónde pedir tus informes de crédito:

Equifax

(800) 685—1111

Equifax Credit Information Services, Inc.

P.O. Box 740241

Atlanta, GA 30374

www.equifax.com

Equifax Latinoamérica: http://www.equifax.com/home/es_ec

Experian

(888) 397–3742; (888) EXPERIAN

P.O. Box 2002

Allen, TX 75013

www.experian.com

Experian Hispanoamérica: www.experian.com.ar
(Busca tu país en el área de «Sitios Mundiales»)

Trans Union LLC
Consumer Disclosure Center

(800) 888—4213

P.O. Box 1000

Chester, PA 19022

http://www.transunion.com/

¡Cuidado! Hemos notado que hay una cantidad de empresas que te ofrecen informes de crédito «gratis». Sin embargo, muchas requieren de una tarjeta de crédito para realizar la transacción. La razón es que, en la mayoría de los casos, si bien te proporcionan el reporte «gratis», también te cobran por un servicio que quizás no necesites, como por ejemplo monitorizar tu crédito. Lo mejor es contactar personalmente con las empresas que hemos mencionado antes y pedirles una vez al año el informe gratuito que se te permite tener por ley.

La pregunta de los *dos millones* de dólares: ¿cómo puedo mejorar mi crédito?

Esta es una pregunta que surge en casi cada programa de llamadas telefónicas que hago por radio o por televisión.

Aquí van algunos consejos:

- Paga tus cuentas a tiempo.
- Vive una vida libre de deudas...
- ... o por lo menos mantén tus deudas a menos del veinte por ciento de tus ingresos anuales.
- Ten una o dos tarjetas de crédito; eso no quiere decir que tengas que acumular deudas en ellas, simplemente tenlas.
- No tener tarjetas te quita puntos; tener demasiadas, también.
- Compra con tarjetas y paga cada mes la totalidad del saldo.
- Establécete en algún lugar del país, mudarse quita puntos.
- Mantente en un mismo trabajo, cambiar de trabajos te quita puntos.
- Revisa tus reportes de crédito y corrígelos con regularidad.

¡Cuidado! Hay muchas empresas que te ofrecen «arreglarte el crédito». Algunas, honestamente, te llevarán a través de un proceso de sanidad financiera para que tu puntaje mejore. Sin embargo, no necesitas pagar por un servicio que todos nosotros podemos hacer por nuestra propia cuenta.

El problema se presenta con algunas empresas sin escrúpulos que no solamente te quitarán tu dinero, sino que también podrán llegar a hacer actos ilegales, como solicitar otro número de Seguro Social o de EIN. Sabemos de gente que no solo no pudo arreglar su crédito, sino que ahora tiene desarreglada también la vida... ¡tras las rejas!

La pregunta de los *tres millones* de dólares: ¿cómo arreglo mi crédito?

Esta es otra pregunta que surge en casi cada programa de llamadas telefónicas que hago por radio o por televisión.

Aquí van algunos consejos útiles sobre cómo arreglar el crédito:

- Pide tus informes de crédito a Experian, Equifax y TransUnion.
- Solicítales que cambien cualquier información equivocada.
- Contacta con tus acreedores. Pídeles que quiten de su informe de crédito cualquier información que no sea correcta.
- Pídeles, también, a aquellos acreedores que recibieron tu pago, pero por error pasaron algún informe negativo a las compañías informantes que mencionamos antes, que rectifiquen ese error en el reporte.

- Paga todas tus deudas. Si necesitas ayuda de un mentor financiero, contáctanos en nuestro sitio web para que te asignemos un mentor o una mentora: www.CulturaFinanciera.org.
- Comienza a realizar todos tus pagos a tiempo.
- Construye un buen historial de crédito con las recomendaciones que te dimos antes.

Tu reputación abre puertas

Tiempo atrás, leí una historia, escrita por el famoso cantautor norteamericano Bill Gaither, que me enseñó cómo la buena reputación abre puertas. Después de más de veinte años trabajando por el mundo, me he dado cuenta de que es una gran verdad.

Aquí va la historia. En su libro *I Almost Missed the Sunset* (Casi me perdí la puesta de sol), Bill Gaither escribe:

Gloria y yo llevábamos un par de años casados. Trabajábamos como maestros en una escuela de la ciudad de Alejandría, Indiana, donde me crié, y queríamos un pedazo de tierra en el que construir una casa. Encontré una bella parcela al sur de la ciudad donde había ganado pastando, y averigüé que pertenecía a un banquero jubilado de 92 años de edad llamado señor Yule.

El señor Yule tenía una gran cantidad de tierra en la zona, y todo el mundo sabía que no vendería ni un metro cuadrado de ella. Le solía dar el mismo discurso a todos los que le preguntaban:

—Les prometí a los campesinos de la zona que podrían usar esos terrenos para llevar a pastar a su ganado.

Gloria y yo fuimos a visitarlo a su oficina en el banco. Aunque estaba jubilado, pasaba un par de horas cada mañana en su oficina. Nos miró por encima de sus bifocales y su diario como diciendo: «¿Ustedes quiénes son y qué quieren?».

Me presenté y le dije que estábamos interesados en un pedazo de su tierra.

—No vendo —dijo con satisfacción—. Le prometí a un granjero que se la guardaría para que pastoreara su ganado allí.

—Lo sé, pero somos maestros en una escuela local y pensamos que tal vez estaría interesado en venderlo a alguien que planea establecerse aquí, en esta zona.

Él frunció los labios y me miró fijamente.

—¿Cómo dijiste que te llamabas?

—Gaither, Bill Gaither.

—Hmmm. ¿Alguna relación con Grover Gaither?

—Sí señor, era mi abuelo.

El señor Yule dejó su diario y se quitó las gafas.

—Grover Gaither era el mejor trabajador que tuve en mi granja: por cada día de paga me daba un buen día de trabajo. ¡Era tan honesto…! ¿Qué dijiste que querías?

Se lo repetí.

—Déjame pensar en ello, luego vuelve a verme.

Volví a verle después de una semana y el señor Yule me dijo que había hecho tasar la propiedad. Contuve la respiración.

—¿Qué te parece 3.800 dólares? ¿Estaría bien?

Si eso fuera por acre, ¡tendría que pagar casi 60.000 dólares!

—¿3.800? —repetí.

—Sí. Quince acres por 3.800 dólares.

Sabía que tenía que valer por lo menos tres veces más. ¡Acepté inmediatamente!

Casi tres décadas más tarde, mi hijo y yo caminamos por esta hermosa y exuberante propiedad que antes había sido una bella tierra de pastoreo en el estado de Indiana.

—Benny —dije—, has tenido este maravilloso lugar para crecer y lo has recibido a cambio de nada que hayas hecho tú personalmente. Lo recibiste y disfrutaste por el buen nombre de un bisabuelo que nunca conociste.[5]

Nosotros nunca sabemos las puertas que abrirá nuestra buena reputación durante el tiempo de nuestras vidas, la de nuestros hijos y la de los hijos de nuestros hijos. Fue la buena reputación de mi tío Esteban Panasiuk la que me permitió obtener mi primer trabajo en los medios de comunicación en la ciudad de Chicago. Ese trabajo fue esencial y el detonante de la labor que mi esposa y yo ahora hacemos alrededor del mundo.

Fue la buena reputación de mi padre la que me abrió puertas en el norte de mi país y en Ucrania. Fue nuestra buena reputación la que nos ha llevado delante de reyes, presidentes, congresistas y grandes empresarios alrededor del mundo; la que nos llevó a tener el privilegio de salir al aire en miles de emisoras de radio en todo el mundo de habla hispana.

Tu buena reputación abre puertas. No pierdas la llave.

Tu reputación te protege

Estaba leyendo en Internet que el exembajador chino en Zambia, Yang Youming, tuvo serias dificultades con un rumor terrible que surgió en África algunos años atrás.

Según Adam Taylor, del *Washington Post*, el rumor decía que «China estaba tomando cadáveres humanos, marinándolos, poniéndolos en latas y luego vendiéndolos en supermercados africanos».

Adam Taylor escribía en mayo de 2016:

«Algunos informes de la prensa citaban a personas que presuntamente trabajaban en fábricas de carne chinas diciendo que la práctica había comenzado porque China se había quedado sin espacio para enterrar a sus muertos, o porque Beijing reservaba su carne buena y no humana para vendérsela a los países más poderosos».

Por supuesto, los rumores eran totalmente falsos. De hecho, las fotografías publicadas en línea de esa «carne humana» fueron tomadas de una campaña de *marketing* lanzada en el 2012 para el famoso videojuego *Resident Evil 6*.

¿Alguna vez te has preguntado cómo puede ser que la gente se crea rumores tan absurdos? ¿Por qué los zambianos pueden llegar a creer que en los restaurantes o en los supermercados les sirven carne humana?

La razón fue que existió una violación de la confianza de los zambianos por parte de los chinos. Esa pérdida de confianza ocurrió mucho antes de que los rumores comenzaran a volar. Los zambianos desconfiaban de los chinos porque tenían la reputación de permitir condiciones de trabajo peligrosas en sus proyectos empresariales. Eso provocó la explosión de una fábrica en el año 2005, y en esa explosión murieron más de cincuenta trabajadores zambianos.

Claro, no hay una manera segura de protegerse contra los chismes y los rumores malintencionados, pero mantener una buena reputación ayuda considerablemente a que esos rumores no crezcan y se esparzan. Cuando tenemos una buena reputación, ella destruye la credibilidad de cualquier rumor falso que pueda surgir.[6]

Mantén una buena reputación y los ataques a tu credibilidad, ética y comportamiento desaparecerán con el tiempo, o ni siquiera llegarán a surgir.

Yago le dice a Otelo en esa famosa obra de Shakespeare:

El buen nombre de un hombre o de una
    mujer, mi querido señor,
es la joya más preciada de sus almas.
El que me roba la bolsa, me roba
    basura; es algo, y es nada;
eran monedas mías, eran monedas suyas, y
    han sido monedas que fueron esclavas de
    miles de otras personas antes que yo.
Pero el que me arrebata mi buen nombre
me roba algo que no le enriquece a él,
y me hace verdaderamente pobre a mí.[7]

Esa es una gran verdad. Cuida tu reputación. Nadie la cuidará por ti.

La
PROSPERIDAD
INTEGRAL

El que ama el dinero, siempre quiere más;
el que ama las riquezas, nunca cree tener bastante.[1]
—Salomón.

EN ESTE LIBRO HEMOS ESTADO HABLANDO DE UN concepto que, en realidad, nunca hemos explicado: el concepto de la prosperidad integral. Lo hemos relegado al final porque es el concepto más importante con el que quisiera dejarte, y deseo que termines de leer este libro atesorando estas ideas.

Una definición importante

Definir el «éxito» y la «prosperidad» es extremadamente importante, porque son conceptos que darán dirección a tu vida. Al final de cuentas, ¡por algo compraste este libro! Entender el concepto de la prosperidad, es parte de lo que yo llamo «los principios P», o la «brújula» de la vida: principios eternos que van más allá del tiempo y las culturas para guiarnos a una vida mucho más satisfactoria.

Después de recorrer más de tres millones de kilómetros alrededor del mundo y visitar unos cincuenta países, por fin me he dado cuenta de que la «prosperidad», desde el punto de vista económico, debería definirse como «integral» y no solamente como económica o financiera.

Para Prosperar (con «P» mayúscula), uno debe hacerlo en *todas* las áreas de su vida. Uno debe prosperar en el negocio, en las finanzas, en el trabajo…, pero también debe prosperar en su relación de pareja y con los hijos.

Debemos rechazar las enseñanzas de los «gurús» del dinero y su énfasis en una filosofía materialista de la vida; debemos abrazar una concepción del éxito mucho más integral.

Para mí, la prosperidad integral es como hornear un buen pastel de manzanas. Si bien es cierto que las manzanas son un componente importantísimo para disfrutar del famoso pastel, no son el único ingrediente. A decir verdad, si uno se olvidara de cosas como, por ejemplo, la harina o el agua, nunca obtendría un pastel al final del proceso.

Un pastel de manzanas requiere de manzanas, pero estas no son lo único que tiene: el pastel necesita agua, harina, azúcar, canela, sal, etc. Lo mismo ocurre con la «prosperidad». El dinero es un ingrediente esencial de la prosperidad, pero no es el único, y, así como no se puede hacer un pastel de manzanas solo con manzanas, tampoco se puede tener «prosperidad» solo con dinero.

Por desgracia, me da la impresión de que cada vez son más los que creen que prosperar está de alguna manera directamente relacionado con la cantidad de dinero que uno gana. Actúan como si el dinero y las cosas materiales estuvieran en el corazón de la buena vida.

Desde los profetas de la prosperidad, pasando por los profesores del materialismo y los periodistas de noticias internacionales, muchos de los personajes influyentes del mundo de hoy están muy afectados por una filosofía que nos ha fallado de forma miserable: la filosofía del materialismo.

Es imposible vivir bien si uno abraza el materialismo.

Salomón dice: «El que ama el dinero, siempre quiere más; el que ama las riquezas, nunca cree tener bastante».[2] Él debería saber algo al respecto: era el hombre más rico del mundo. El bienestar requiere dinero, pero no es el ingrediente esencial para la buena vida.

Permíteme contarte una historia ejemplo que conté en un libro titulado *¿Cómo vivir bien cuando las cosas van mal?* y que ilustra perfectamente lo que te estoy diciendo:

Juan Carlos era un conocido asesor legal del presidente de un país latinoamericano. Lo respetaban, apreciaban, escuchaban y reconocían como un líder de pensamiento en su nación. También había hecho algo de dinero. En realidad, bastante. Tenía dos empresas, varios autos, un chofer y, para cuando me vino a ver a mi hotel, estaba a punto de divorciarse de su tercera esposa.

Algo no andaba bien en la vida de mi buen amigo latinoamericano. A pesar de tener fama, fortuna y el respeto de la comunidad, su vida se le estaba cayendo a pedazos. Este es el típico caso de *muchas manzanas y pocos ingredientes*. Es imposible elaborar un *pastel de vida feliz* sin tener todos los componentes necesarios.

En la vida, y en este libro, el concepto de prosperidad y de felicidad que hemos manejado tiene que ver con considerar nuestra vida como un todo, con vivir de forma equilibrada. A eso lo llamamos «prosperidad integral». Para disfrutar de ella, necesitamos crecer y prosperar con equilibrio en cada aspecto de la vida: trabajo, ingresos, relación de pareja, relación con los hijos, relación con Dios, etc.

Eso significa que, a veces, para que una parte de nuestra vida crezca, otra debe esperar. Para que mi relación con mis hijos mejore, algunos de mis compromisos tendrán que posponerse. Para que el amor crezca en mi matrimonio, quizá alguna gente tenga que esperar a que vuelva de mis vacaciones. Para que mi vida interior se desarrolle, el resto del mundo no me encontrará por una hora cada día.

La casa puede esperar, los hijos, no. El ascenso en el trabajo puede esperar, mi familia, no. Los compromisos pueden esperar, mi salud, no.

En la actualidad, estamos viendo una nueva generación de jóvenes y adultos que han tenido acceso a una mejor educación, mejores trabajos, mejores cuidados de la salud, mejores viviendas que sus mayores y, sin embargo, llegan al punto más alto de la escalera del éxito, como dice Stephen Covey, para darse cuenta de que la escalera está apoyada en la pared equivocada.

Estas personas llegan a la edad de la jubilación, se sientan a la mesa de la cocina y, mientras toman un café con leche por la mañana, el esposo le dice a su esposa: «Yo la conozco a usted..., de algún lado la conozco. Ah..., usted es la que limpia aquí, ¿no es cierto? Es la que cocina, la que barre y lava la ropa, ¿verdad?».

Hemos vivido juntos, pero no hemos sido una pareja. Hemos tenido una casa, pero no hemos construido un hogar. Hemos acumulado bienes, pero no nos hemos entregado el uno al otro.

Me sorprende ver la cantidad de parejas de nuestro continente que rompe el vínculo matrimonial después de quince o veinte años de casados. Es entonces cuando nos sentimos vacíos. No nos satisfacen los logros alcanzados, y nos damos cuenta de que hemos pagado un precio demasiado alto en lo personal y familiar por el éxito financiero obtenido. Llegamos a la cúpula y descubrimos que estamos solos. Pensamos que podríamos tocar el cielo con las manos, pero nos sentimos como que no llegamos ni a la altura del techo.

Prosperidad es, por tanto, algo muy diferente de lo que nos enseñan los *profetas del materialismo*. La prosperidad integral, o *el bienestar*, como lo llama mi buen amigo boliviano Hoggier Hurtado, es llegar al final de la vida habiendo alcanzado las metas financieras que nos propusimos y, a la vez, poder decirle a nuestra esposa mirándola a los ojos: «El pastel estaba sabroso... ¡y ni siquiera le faltaba sal!».[3]

Una filosofía que nos mata

«¿Qué es la verdad?», preguntó Poncio Pilato minutos antes de entregar a Jesús de Nazaret para que lo crucificaran. Es interesante notar que, a pesar de haber hecho una de las preguntas más profundas de la humanidad, a Pilato no le interesaba escuchar la respuesta. Se dio media vuelta y salió de la habitación antes de que el Maestro de Galilea le pudiera responder.

Creo que al contestar esa pregunta podríamos tener una mejor forma de evaluar la vida que vivimos y no sentirnos tan desdichados como nos quieren hacer sentir los medios de comunicación y, a veces, hasta nuestros propios Gobiernos.

Este no es un libro filosófico, pero baste decir que la pregunta de «¿Qué es la verdad?» la contestan casi siempre las filosofías del mundo. Uno de los pensamientos filosóficos más populares es el materialismo.

El materialismo contesta a la pregunta de «¿Qué es la verdad?» diciendo: «La verdad es lo que puedo tocar». Eso significa que, en el momento de definir las palabras «prosperidad» y «bendición», un profeta del materialismo siempre va a aportar una definición en términos *materiales* y *positivos*.

No quiero que me malinterpretes: yo creo que el éxito *puede* ser material y positivo, ¡pero hay muchas otras cosas que no se pueden medir con dinero y que forman parte del concepto de prosperidad para nuestras vidas!

El materialista siempre tratará de resolver los problemas del mundo echándoles dinero. Explicará que una persona pobre es alguien que vive mal. Para mejorar el estándar de vida de un pobre hay que incrementar sus entradas de dinero. Dirá que la pobreza trae tristeza y que, para ser más feliz, la gente debe ganar más dinero. Puede que sí, puede que no.

Yo creo que, si el pobre pertenece al grupo de personas más pobres del mundo (un par de miles de millones viven con menos de dos dólares y medio al día), es probable que un incremento de sus ingresos ayude de manera considerable. Sin embargo, hay muchas maneras de mejorar la vida de las personas sin necesidad de aumentar sus salarios. Por ejemplo: proveyendo educación, salubridad, un clima de paz en el país, combatiendo en serio la corrupción de los gobernantes y compartiendo con la población los beneficios de una administración excelente de los recursos del país.

Uno puede vivir bien sin tener importantes sumas de dinero en el banco.

Imagínate que es el año 2013 y vives en Colombia. Posees una casita y un auto. Tienes lo suficiente para mandar a tus hijos a estudiar y disfrutas de un cuidado sanitario promedio. Por otro lado, tu cuñado vive en Los Ángeles y gana cinco veces más que tú. ¿Quién vive mejor?

Los gurús del materialismo apuntarán en seguida a la casa mayor que tiene tu cuñado, a los casi 8.000 dólares que el Condado de Orange gasta por estudiante de escuela[4] y al automóvil más nuevo que se compró este año (en realidad, se tuvo que comprar *dos*) para decir que él tiene un «estándar» de vida más alto.

Yo, por mi parte, apuntaría a sus largas horas fuera de casa, al trabajo que tuvo que buscar la esposa para hacer frente al altísimo costo de la vivienda y el transporte, al estrés de pagar las cuotas de todos los nuevos «juguetes» que se compró cuando se mudó a California y a las serias peleas matrimoniales que tiene con regularidad. Considerando esos aspectos, yo colocaría un signo de interrogación en esa rápida evaluación del materialista.

Si ganar más dinero implica un mejor estándar de vida, los estadounidenses o los suizos estarían en lo más alto del mundo. Sin embargo, a pesar de que el salario medio estadounidense en el 2015 estaba unos 10.000 dólares por encima del salario australiano, Australia era el segundo (Noruega era el primero) entre los diez países con mejor calidad de vida del mundo, ¡mientras que Estados Unidos apenas llegaba al noveno lugar![5]

Una historia desafiante

Hace años, cuando trabajaba para una organización llamada *Christian Financial Concepts*, fundada por el doctor Larry Burkett (1939-2003), escribí una serie de casos de estudio con el propósito de capacitar a líderes del continente. Uno de ellos era el de José y Cristina. Te lo voy a contar. Este caso nos muestra con claridad que ganar más dinero y vivir en un país más rico no siempre lleva a una vida mejor:

José y Cristina deciden mudarse con sus tres hijos a Estados Unidos para comenzar una nueva vida. Al llegar, José encuentra un buen trabajo que paga 8 dólares la hora (1.600 dólares al mes). Con esa pequeña fortuna, Cristina cree que las cosas van a andar mucho mejor para su familia de lo que andaban en su país.

Sin embargo, pronto José se da cuenta de que con 8 dólares la hora solo trae 1.200 dólares cada fin de mes a su hogar (porque le descuentan los impuestos). Entonces, descubre que debe tomar de su salario 850 para pagar el alquiler, 230 para pagar el auto y 200 para la luz, el agua y el teléfono. De pronto, se percata de que su salario no le alcanza para comer.

Cristina, entonces, decide salir a trabajar. Cuando averigua cuánto le va a costar el cuidado de sus tres niños pequeños, descubre que le cobran 3 dólares la hora por niño.

Multiplicando 3 dólares por 3 niños, por 100 horas de trabajo, todo esto se traduce en más de 900 dólares al mes, ¡solo en el cuidado de los niños!

Así que José y Cristina deciden trabajar turnos alternos. Él trabaja de día y ella lo hace de noche. Con eso, estabilizan la economía familiar y hasta se pueden comprar algunos «lujos», como un nuevo televisor de plasma, un sistema de sonido, un auto, salir de vacaciones y mantener un estándar de vida de clase media.

No obstante, después de varios años en el país, comienzan a hacerse patentes ciertos problemas: hay frialdad en la relación matrimonial, el niño mayor no anda bien en la escuela, los dos menores se enferman con regularidad, las deudas han aumentado y ahora deben 110.000 dólares de su nueva casa, 8.000 de un auto, 12.000 dólares del otro.

Además, tienen varias tarjetas de crédito que están llegando a su límite por un total de 17.000 mil dólares, tienen varias deudas con amigos, algún que otro mal negocio en el que se involucraron buscando dinero fácil, y las peleas en el hogar son incesantes. Ya no hay dinero que alcance. Han estado, incluso, hablando de divorcio.[6]

Lo lamentable es que, cuanto más servimos a la población hispanohablante de Estados Unidos, más nos damos cuenta de que este tipo de historias no son la excepción a la regla. Me dicen mis amigos latinoamericanos: «Vinimos a esta tierra buscando el cumplimiento del sueño americano, y ahora ese sueño se nos convirtió en pesadilla».

El materialismo nos dice que, si bien el dinero no hace la felicidad, ¡por lo menos ayuda!

Yo no estoy muy convencido de eso. La gente que piensa de esa manera diría, por ejemplo, que una familia que está recibiendo cinco veces más salario en Nueva York que cuando vivía en la República Dominicana, debe de estar viviendo mejor. Eso es una mentira. Solo vivimos mejor si sabemos cuáles son los ingredientes de una mejor vida.

La prosperidad —o «vivir en abundancia»— no necesariamente apunta a un incremento en la cantidad de dinero ni en los bienes acumulados. Vivir nuestra vida y vivirla de manera abundante implica que aprendamos a disfrutar los momentos en los que vemos a nuestros niños jugar en el patio de la casa; emocionarnos al repetir el Padrenuestro con ellos junto a sus camas y darles el besito de las buenas noches. También significa preocuparnos por la vida de la gente, ayudar a pintar la casa del necesitado, arreglarle el auto a una madre sin esposo y escuchar en silencio hasta cualquier hora de la noche el corazón herido del amigo.

Vivir en abundancia significa extender la mano amiga a los pobres, aprender a restaurar al caído y sanar al herido. Significa, para los hombres, poder mirar a nuestra esposa a los ojos y decirle con sinceridad: «Te amo»; poder llegar a ser un modelo de líder-siervo para nuestros niños. Significa dejar una marca más allá de nuestra propia existencia.

Este concepto de la felicidad y la satisfacción personal poco tiene que ver con las enseñanzas de los comerciales televisivos ni con los evangelistas del Materialismo. Poco tiene que ver con lo que se enseña en los círculos afectados por los medios de comunicación social de la actualidad. Si en algo estoy de acuerdo con esa frase que mencioné antes, es en que el dinero no hace la felicidad y, para ser sincero, no sé cuánto ayuda.

En el día de hoy, márcate el propósito de darle una mirada sincera al lugar en el que te encuentras en la escala social de tu país. Pregúntate: «En realidad, ¿estamos tan mal como nos parece o es que estamos insatisfechos con lo que la vida nos ha provisto?».

Quizá sea *esa* insatisfacción la que te haya llevado a comprometerte a comprar cosas que no necesitas, y con dinero que no tienes, a fin de impresionar a gente que ni siquiera conoces. Tal vez esa confusión con respecto a la fuente de tu felicidad y satisfacción personal sea lo que te haya llevado a vivir una vida sin ahorros y a que, ahora, te encuentres entre la espada y la pared.

Por lo tanto, quizá este sea el momento de que tomes algunas decisiones importantes, tanto financieras como personales y familiares. Entonces, equilibra tu nivel de vida en vez de correr solamente detrás de metas económicas. Decide ser feliz.

Tú eres la única persona que puede hacerlo. Yo no puedo cambiar tu actitud frente a la vida ni frente al valor que le das a las cosas materiales. Tú tienes que rechazar el mensaje del materialismo por tu propia iniciativa, y aprender a vivir como el *hombre más rico del mundo*.

Referencias

EL PODER DE LAS IDEAS. LA PROSPERIDAD INTEGRAL

1. Primer Libro de Reyes, capítulo 12, verso 4. Siglo VII AC.

2. Ibíd., capítulo 10, versos 1 al 13.

3. Ibíd., capítulo 10, versos 14 al 29.

4. Darlinton Omeh, en *Wealthresult.com*, https://www.wealthresult. com/wealth/top-10-richest-men-of-all-time-in, consultada 29 mayo 2017.

5. Rey Salomón. Libro de los Proverbios, capítulo 22, versos 26 y 27 de la *Tanaj* (Biblia hebrea que los cristianos conocen como Antiguo Testamento), segundo libro de los *Ketuvim*. Literatura Sapiencial. Siglo X AC. Traducción Dios Habla Hoy (Nueva York: American Bible Society, 1996 [en adelante DHH]).

6. Andrés G. Panasiuk, *Decisiones que cuentan* (Nashville: Grupo Nelson, 2015), pp. 4, 5.

7. «Enron shareholders look for SEC for support in court (WEB)». *The New York Times*, 10 mayo 2007, http://www.nytimes. com/2007/05/10/business/worldbusiness/10iht-enron.1.5648578. html?_r=2&, consultada 21 diciembre 2013.

8. «The Role of the Board of Directors in Enron's Collapse». Permanent Subcommittee on Investigations of the Committee on Governmental Affairs, United States Senate, 8 julio 2002, p. 3.

9. Ibíd., p. 61.

IDEA 1: VIVE CON HUMILDAD

1. Rey Salomón. Libro de los Proverbios, capítulo 18, verso 12 (DHH). Literatura Sapiencial. Siglo X AC.

2. Ibíd., capítulo 16, verso 19.

3. Joel Brown, «15 Super Rich Billionaires Who Stayed Grounded and Humble», https://addicted2success.com/news/15-super-rich-billionaires-who-stay-grounded-humble, consultada 29 mayo 2017.

4. Rey Salomón. Libro de los Proverbios, capítulo 29, verso 23 (DHH). Literatura Sapiencial. Siglo X AC.

5. Ibíd., capítulo 15, verso 33.

IDEA 2: ADQUIERE SABIDURÍA

1. Sheldon Oberman, *Solomon and the ant: and other Jewish folktales* (Honesdale, PA: Boyds Mills Press, 2006). Traducido, adaptado y reescrito por el autor.

2. Diccionario en línea de la Real Academia Española, http://dle.rae.es/srv/fetch?id=WtBahTM, consultada 29 mayo 2017.

3. Rey Salomón. Libro de los Proverbios, capítulo 4, versos 5-9 (DHH). Literatura Sapiencial. Siglo X AC.

IDEA 3: ESTABLECE EL ORDEN

1. Rey Salomón. Libro de los Proverbios, capítulo 27, versos 23, 24 (DHH). Literatura Sapiencial. Siglo X AC.

2. *New World Encyclopedia*. Ver sección de «Quotations» en http://www.newworldencyclopedia.org/entry/John_D._Rockefeller, consultada 1 junio 2017.

3. http://descargar.portalprogramas.com/Mis-Cuentas-Claras.html.

4. Una planilla de Excel producida por César A. Betancourt A., www.betasoftmx.com.

IDEA 4: AMA LA DILIGENCIA

1. Rey Salomón. Libro de los Proverbios, capítulo 21, verso 5. Literatura Sapiencial. Siglo X AC. Traducción Reina-Valera Actualizada (El Paso, TX: Editorial Mundo Hispano, 2015).

2. *Enciclopaedia Britannica*, https://www.britannica.com/science/grain-unit-of-weight, consultada 1 junio 2017.

3. Rey Salomón. Libro de Eclesiastés, capítulo 9, verso 10 (DHH). Literatura Sapiencial. Siglo X AC.

4. Adaptación de una historia que los padres les cuentan a sus hijos en la India. Ver http://www.ezsoftech.com/stories/mis22.asp

5. Rey Salomón. Libro de Proverbios, capítulo 12, verso 27 (DHH). Literatura Sapiensal. Siglo X AC.

6. Rey Salomón. Libro de Proverbios, capítulo 12, verso 24 (DHH). Literatura Sapiensal. Siglo X AC. Biblia de Jerusalén. http://www.bibliacatolica.com.br/la-biblia-de-jerusalen/proverbios/12

7. Rey Salomón. Libro de Proverbios, capítulo 13, verso 4 (DHH). Literatura Sapiensal. Siglo X AC.

8. Rey Salomón. Libro de Proverbios, capítulo 28, verso 19 (DHH). Literatura Sapiensal. Siglo X AC.

9. Rey Salomón. Libro de Proverbios, capítulo 13, verso 11 (DHH). Literatura Sapiensal. Siglo X AC.

10. Adaptación del autor de una historia que los padres les cuentan a sus hijos en la India. Ver http://www.ezsoftech.com/stories/mis22.asp

IDEA 5: ABRAZA LA LIBERTAD

1. Rey Salomón. Libro de los Proverbios, capítulo 22, verso 7. Literatura Sapiencial. Siglo X AC. Biblia Nueva Traducción Viviente (Wheaton, Ill.: Tyndale House Foundation, 2010).

2. «El norte» es como mucha gente en nuestro continente se refiere a los Estados Unidos de América, especialmente los mexicanos.

3. Jessica Dickler, «Credit Card Users Rack Up Over $1 Trillion in Debt», 17 febrero 2017, http://www.cnbc.com/2017/02/17/credit-card-users-rack-up-over-1-trillion-in-debt.html, consultada 7 junio 2017.

4. Jessica Dickler, «US households now have over $16,000 in credit-card debt», 13 diciembre 2016, http://www.cnbc.com/2016/12/13/us-households-now-have-over-16k-in-credit-card-debt.html, consultada 7 junio 2017.

5. Rey Salomón. Libro de Eclesiastés, capítulo 5, versos 9 al 18 (DHH). Literatura Sapiencial. Siglo X AC.

IDEA 6: CULTIVA LA GENEROSIDAD

1. Rey Salomón. Libro de los Proverbios, capítulo 11, versos 24, 25 (DHH). Literatura Sapiencial. Siglo X AC.

2. Ibíd., capítulo 28, verso 27.

3. Ibíd., capítulo 19, verso 17.

4. Ibíd., capítulo 21, verso 13.

5. *Ética a Nicómaco*, I.1.1094a

6. Solzhenitsyn, Alexandr. Ponencia para el Premio Nóbel de Literatura de 1970. http://www.nobelprize.org/nobel_prizes/literature/laureates/1970/solzhenitsyn-lecture.html Nobel Lectures,

Literature 1968-1980, Editor-in-Charge Tore Frängsmyr, editor Sture Allén, World Scientific Publishing Co., Singapore, 1993. Traducción del autor, consultada 8 junio 2017.

7. Debbie Macomber, *One Simple Act: Discovering the Power of Generosity*. New York: Howard Books, una divisiín de Simon and Schuster, 2009, p. 86. Historia de fuente desconocida, traducida y adaptada por el autor.

IDEA 7: BUSCA EL CONSEJO

1. Rey Salomón. Libro de los Proverbios, capítulo 28, verso 26 (DHH). Literatura Sapiencial. Siglo X AC.

2. Ibíd., capítulo 15, verso 22.

3. Ibíd., capítulo 11, verso 14.

4. Benjamin Hardy, P. *Two Quotes that Will Reshape Your Approach to Life.* http://www.huffingtonpost.com/entry/2-quotes-that-will-reshape-your-approach-to-life_us_58b44d75e4b0e5fdf6197505, 27 febrero 2017, consultada 6 junio 2017. Historia traducida y adaptada por el autor.

5. Rey Salomón. Libro de los Proverbios, capítulo 12, verso 15 (DHH). Literatura Sapiencial. Siglo X AC.

6. Ibíd., capítulo 1, verso 7b.

7. Mark Rogowski, «App Store At 6: How Steve Jobs' Biggest Blunder Became One of Apple's Greatest Strengths», *Forbes Magazine*, 11 julio 2014. https://www.forbes.com/sites/markrogowsky/2014/07/11/app-store-at-6-how-steve-jobs-biggest-blunder-became-one-of-apples-greatest-strengths/#2add70344652, consultada 20 julio 2017.

8. Rey Salomón. Libro de los Proverbios, capítulo 15, verso 22 (DHH). Literatura Sapiencial. Siglo X AC.

9. Ibíd., capítulo 27, verso 9.

10. David Kolb, «Concrete/Reflective/Abstract/Active», http://web.cortland.edu/andersmd/learning/Kolb.htm, consultada 20 julio 2017.

11. Ricky Martin, *Qué día es hoy (Self-Control)*, https://www.musica.com/letras.asp?letra=84757, consultada 22 julio 2017.

12. Autor anónimo, *Tao te ching*, capítulo 33, primeras cuatro líneas. Texto clásico de la China. Siglo IV AC. http://www.with.org/tao_te_ching_en.pdf, consultada 22 julio 2017.

13. Siddhãrtha Gautama (Buda). *The Dahmmadpada: The Buddha's Path to Wisdom*. Kandy, Sri Lanka: Buddhist Publication Society, 1985,

capítulo 8, verso 103, p. 34. Traducción de un antiguo texto hindú del siglo V AC. Traducción y adaptación del inglés por parte del autor.

14. John C. Maxwell, *Everyone Communicates, Few Connect* (Nashville: Thomas Nelson, 2009), p. 233. Traducción del autor.

15. Rey Salomón. Libro de los Proverbios, capítulo 20, verso 18 (DHH). Literatura Sapiencial. Siglo X AC.

16. Ibíd., capítulo 21, verso 5.

17. George S. Patton, http://www.generalpatton.com/quotes, consultada 22 julio 2017.

18. Rey Salomón. Libro de los Proverbios, capítulo 15, verso 22 (DHH). Literatura Sapiencial. Siglo X AC.

19. Ibíd., capítulo 21, verso 30.

20. Ibíd., capítulo 16, verso 9.

21. Ibíd., capítulo 16, verso 1.

22. Gilbert King, «Charles Proteus Steinmetz, the Wizard of Schenectady», *Smithsonian Magazine*, 16 agosto 2011, http://www. smithsonianmag.com/history/charles-proteus-steinmetz-the-wizard-of-schenectady-51912022/#37LwxjtDWQd3uGxA.99, consultada 22 julio 2017.

IDEA 8: TRABAJA APASIONADAMENTE

1. Rey Salomón. Libro de los Proverbios, capítulo 6, versos 9-11 (DHH). Literatura Sapiencial. Siglo X AC.

2. Indira Gandhi, https://www.values.com/hard-work (traducción del autor), consultada 23 julio 2017.

3. *Moral Stories*, http://www.moralstories.org/appreciation-of-hard-work.

4. Quinto Horacio Flaco. Siglo I ac, https://www.values.com/hard-work (traducción del autor), consultada 23 julio 2017.

5. F. L. Emerson, *Reader's Digest*, marzo 1947. Ver *The Yale Book of Quotations*, ed. Fred R. Shapiro (New Haven: Yale University Press, 2006), s.v.

6. Max Niesen, «16 People Who Worked Incredibly Hard to Succeed», *Business Insider*, 5 septiembre 2012. http://www. businessinsider.com/16-people-who-worked-incredibly-hard-to-succeed-2012-9#, consultada 22 julio 2017.

7. Fundación Pew, «The State of American Jobs. How Americans view their jobs», 6 octubre 2016. http://www.pewsocialtrends.

org/2016/10/06/3-how-americans-view-their-jobs, consultada 23 julio 2017.

IDEA 9: OPERA CON INTEGRIDAD

1. Rey Salomón. Libro de los Proverbios, capítulo 15, verso 6 (DHH). Literatura Sapiencial. Siglo X AC.

2. David Lee Russell, *Eastern Air Lines: A History, 1926-1991* (Jefferson, NC: McFarland and Company, Inc. Publishers, 2013), p. 104.

3. Moisés. *Shemot* o Libro del Éxodo, segundo libro de la Ley, capítulo 23, verso 8. Siglo VII o XV AC. Traducción Reina-Valera Contemporánea (Miami: Sociedades Bíblicas Unidas, 2009, 2011).

4. De acuerdo con el sitio http://quoteinvestigator.com/2013/12/11/cannot-fool/, la primera vez que se usó este dicho fue veinte años después de la muerte de Lincoln, en 1885, por William Groo. Para marzo de 1886, aparece por primera vez atribuido al querido expresidente norteamericano. No hay una seguridad absoluta de que haya sido él quien haya dicho esta frase, pero es muy posible.

5. Paul Quinn-Judge, Yuri Zarakhovich, «The Orange Revolution», *Time magazine*, 28 noviembre 2004, http://content.time.com/time/magazine/article/0,9171,832225,00.html, consultada 22 julio 2017.

6. Rey Salomón. Libro de los Proverbios, capítulo 11, verso 18 (DHH). Literatura Sapiencial. Siglo X AC.

7. Ibíd., capítulo 22, verso 1.

8. Ibíd., capítulo 13, verso 21.

9. Teresa Dixon Murray, «Why do 70 percent of lottery winners end up bankrupt?» Cleveland.com, 14 enero 2016, http://www.cleveland.com/business/index.ssf/2016/01/why_do_70_percent_of_lottery_w.html, consultada 22 julio 2017.

IDEA 10: CRECE CON PACIENCIA

1. Rey Salomón. Libro de los Proverbios, capítulo 21, verso 5. Literatura Sapiencial. Siglo X AC. Traducción Reina-Valera Contemporánea (Miami: Sociedades Bíblicas Unidas, 2009, 2011).

2. Thomas J. Stanley y William D. Danko, *The Millionaire Next Door, The Surprising Secrets of America's Wealthy* (New York: Pocket Books, 1996), p. 257 (traducción del autor). En español, se puede encontrar como *El millonario de la puerta de al lado* (Barcelona: Obelisco, 2015).

3. Rey Salomón. Libro de los Proverbios, capítulo 24, verso 16. Literatura Sapiencial. Siglo X AC. Traducción Reina-Valera Contemporánea (Miami: Sociedades Bíblicas Unidas, 2009, 2011).

4. Andrés Panasiuk, *Las 10 Leyes Irrefutables de la destrucción y la restauración económica* (Nashville: Grupo Nelson, 2010). Historia adaptada y actualizada por el autor.

IDEA 11: AHORRA CON REGULARIDAD

1. Rey Salomón. Libro de los Proverbios, capítulo 6, versos 6-8 (DHH). Literatura Sapiencial. Siglo X AC.

2. Esopo. *Fábulas*. Siglo V AC. Basado en la fábula llamada «La Hormiga y el Saltamontes». Adaptación libre del autor.

3. Este dicho ha sido atribuido a muchas personas, entre ellas: Albert Einstein, Benjamin Franklin, Mark Twain, John y Linda Friel, Mike Ward, entre otros. Para una lista de personas a las que se les ha atribuido este dicho, ver http://www.barrypopik.com/index. php/new_york_city/entry/insanity_is_doing_the_same_thing_ and_expecting_different_results.

4. Rocío Bellver Abardía, *Pirámide de Maslow: Las Necesidades Humanas*. https://www.lifeder.com/piramide-de-maslow, consultada 28 julio 2017.

5. Virtue Firs Foundation, «Moderation», http://virtuefirst.org/ virtues/moderation, consultada 28 julio 2017. Citas traducidas y adaptadas por el autor.

6. Rey Salomón. Libro de los Proverbios, capítulo 21, verso 17 (DHH). Literatura Sapiencial. Siglo X AC.

7. Ibíd., capítulo 21, verso 20.

8. *Quote Investigator, Exploring the Origins of Quotations*, http:// quoteinvestigator.com/2011/10/31/compound-interest (traducción del autor). No hay una prueba absoluta de que Einstein lo haya dicho, pero es posible que el diputado Keith lo haya escuchado de alguien de confianza, consultada 28 julio 2017.

9. Lao-tzu, *El camino de Lao-tzu*, China, 604-531 BC. Traducción del autor. Consultado 28 julio 2017.

IDEA 12: CUIDA TU REPUTACIÓN

1. Rey Salomón. Libro de los Proverbios, capítulo 22, verso 1 (DHH). Literatura Sapiencial. Siglo X AC.

2. Ibíd., capítulo 3, versos 3 y 4.

3. Andrés G. Panasiuk, *Cómo vivir bien cuando las cosas van mal* (Miami: Unilit, 2012).

4. Rey Salomón. Libro de Eclesiastés, capítulo 7, verso 1 (DHH). Literatura Sapiencial atribuida a Salomón. Escrito entre el Siglo X al V AC.

5. Edward K. Rowell, *1001 Quotes, Illustrations and Stories* (Grand Rapids, MI: Baker Publishing Books, 2008), pp. 314, 315.

6. Adam Taylor, https://illustrationexchange.com/illustrations?category=215 (traducción y adaptación del autor) consultada 28 julio 2017. Basado en un artículo publicado en *Washington Post*, 19 mayo 2016.

7. *The Supreme Court History—Law, Power and Personality*. Un programa del *Public Broadcasting Service* de los Estados Unidos de América. http://www.pbs.org/wnet/supremecourt/personality/seeking_insights/shakespeare3.html. Una cita de la obra *Otelo*, de William Shakespeare. Traducida y adaptada por el autor, consultada 28 julio 2017.

TERMINANDO POR EL COMIENZO

1. Rey Salomón. Libro de Eclesiastés, capítulo 5, verso 10 (DHH). Literatura Sapiencial atribuida a Salomón. Escrito entre el Siglo X al V AC.

2. Ibíd.

3. Andrés Panasiuk, *Cómo vivir bien cuando las cosas van mal* (Miami: Unilit, 2012), pp. 6, 7.

4. *Reports on the Condition of Children in Orange County, 2013. Average Dollar Expenditure per Pupil*. Los Angeles, CA, pp. 100, 101 y 180.

5. https://www.mapsofworld.com/world-top-ten/world-top-ten-quality-of-life-map.html. Basado en un reporte sobre el Desarrollo Humano: http://hdr.undp.org/sites/default/files/2015_human_development_report.pdf, consultada 28 julio 2017.

6. Andrés Panasiuk, Caso de Estudio ficticio creado para seminarios y conferencias personales del autor.